"十四五"职业教育国家规划教材配套用书

全国优秀教材配套用书

高等学校应用型人才培养教材

财务管理实务
学习指导、习题与项目实训
（第六版）

CAIWU GUANLI SHIWU XUEXI ZHIDAO XITI YU XIANGMU SHIXUN

新准则 新税率

主 编 靳 磊

新形态
教材

本书另配：参考答案

中国教育出版传媒集团

高等教育出版社·北京

内容提要

本书是"十四五"职业教育国家规划教材《财务管理实务》(第六版)的配套用书。

本书按项目体例编写,每个项目分为"学习指导""习题"和"项目实训"三部分。"学习指导"包括项目"知识结构图"和"重点难点解析"。"习题"与学习任务同步编排,在每个学习任务结束后,可进行相关知识和业务同步训练。"项目实训"按照每个项目实践教学内容需要,全书共设计了 20 个实训项目,形式包括"案例分析""方案设计""模拟操作"等。此外,还提供了一套"理财课程设计"综合实训指导书和两套模拟试题,以方便教师进行综合实训教学,也利于学生根据学习情况进行自我检测。为了方便教学,本书另配有习题与项目实训参考答案。

本书既可作为应用型本科、高等职业本科院校和高等职业专科院校财经商贸大类学生的教学用书,又可作为社会相关人员的培训用书。

图书在版编目(CIP)数据

财务管理实务学习指导、习题与项目实训 / 靳磊主编 . -- 6 版 . -- 北京 : 高等教育出版社,2025. 1.
ISBN 978-7-04-063794-6

Ⅰ. F275

中国国家版本馆 CIP 数据核字第 20240J879N 号

策划编辑	张文博　毕颖娟	责任编辑	张文博　蒋　芬	封面设计	张文豪	责任印制　高忠富

出版发行	高等教育出版社	网　　址	http://www.hep.edu.cn	
社　　址	北京市西城区德外大街 4 号		http://www.hep.com.cn	
邮政编码	100120	网上订购	http://www.hepmall.com.cn	
印　　刷	上海叶大印务发展有限公司		http://www.hepmall.com	
开　　本	787 mm×1092 mm　1/16		http://www.hepmall.cn	
印　　张	11	版　　次	2007 年 8 月第 1 版	
字　　数	282 千字		2025 年 1 月第 6 版	
购书热线	010 - 58581118	印　　次	2025 年 1 月第 1 次印刷	
咨询电话	400 - 810 - 0598	定　　价	29.80 元	

第六版前言

本书是"十四五"职业教育国家规划教材《财务管理实务》(第六版)的配套用书。

为配合主教材的修订,贯彻落实党的二十大及二十届三中全会精神,吸收财务管理改革和教学实践的最新成果,以及在教材使用过程中读者的意见和建议,我们在第五版配套用书的基础上,按照"项目导向、任务驱动"教学模式要求,修订、补充和完善了学习指导和习题,体现了"边学边练、学做合一"的特色;依据财务管理工作岗位的职业能力要求,完善了项目实训的内容与形式,突出了财务管理职业技能与素质的培养。具体修订如下:

(1)在体例上,按照项目进行编写,每个项目分为"学习指导""习题"和"项目实训"三部分。"学习指导"包括项目"知识结构图"和"重点难点解析"。"习题"采取按学习任务进行同步编排的模式,在每个学习任务结束后,可进行相关知识和业务的同步训练。习题形式包括"判断题""单项选择题""多项选择题""业务题"和"思考题"等。"项目实训"按照每个项目提供1~4个实训题,实训形式有"案例分析""方案设计""模拟操作"等。

(2)在内容上,"学习指导"和"习题"部分都作了较大的调整。根据高等职业本科、高等职业专科教育特点,本着"简便适用"的原则,在"学习指导"部分,将每个项目的主要知识点,以"项目知识结构图"的形式进行呈现,以便学生能够总体把握相关知识。"重点难点解析"尽量采用表格形式进行分析比较,将重点难点知识和计算公式归纳整理,以帮助学生对重点难点知识的理解。"习题"部分在内容与形式上也作了调整,内容侧重考核学生对基础知识、基本业务操作技能的掌握情况,同时对习题内容进行了修订、补充和完善。"项目实训"的内容和格式,按照实务操作要求,在原有基础上也作了一定的修订和完善。

(3)修订了附录中的《理财课程设计》综合实训指导书。修订后的《理财课程设计》综合实训采取课程实训小组的形式,要求每组选择一家上市公司,模拟资本市场环境和企业经营环境,利用信息技术手段,从证券交易所公开的网站收集该公司近三年的财务报表及相关财务报告资料,运用所学的财务管理知识和财务分析方法,对该公司的财务与经营状况、投资、筹资和分配政策,以及内部控制制度等进行全面、综合、系统的分析,并对其存在的问题提出改进建议和意见,从而达到对财务管理岗位职业能力进行综合训练的目的。

本书适用于应用型本科、高等职业本科、高等职业专科院校财会类专业及其他相关专业财务管理课程的配套实践教学,也适用于成人高等教育和各种形式的岗位培训,同时也可作为经济类各专业的教师和学生以及企事业单位的管理人员、业务人员的学习参考用书。

本书由靳磊担任主编,王子军、王华、陈俊金、龙菊梅、曹永平、谢真孺、郑辉、杜晓玲担任副主编。由靳磊负责设计教材体系和编写大纲,并对全书进行修改、总纂和定稿。修订编写分工如下:靳磊编写项目一、项目四任务二;曹永平编写项目二;王华编写项目三和编写项目四任务一、任务三;王子军编写项目五;谢真孺编写项目六;郑辉编写项目七;陈俊金编写项目八;杜晓玲编写项目九;龙菊梅编写项目十。《理财课程设计》综合实训指导书由靳磊修订编写。

　　在本书修订过程中,我们借鉴并吸收了国内外财务管理实践和教学改革的最新成果,限于篇幅不能一一列出。在此,我们一并表示衷心的感谢!

　　由于编写水平有限,书中难免有疏漏之处,恳请读者批评指正。

编　者

2025 年 1 月

目　录

项目一　财务管理认知

学 习 指 导

一、知识结构图

本项目"财务管理认知"的主要知识结构如图 1-1 所示。

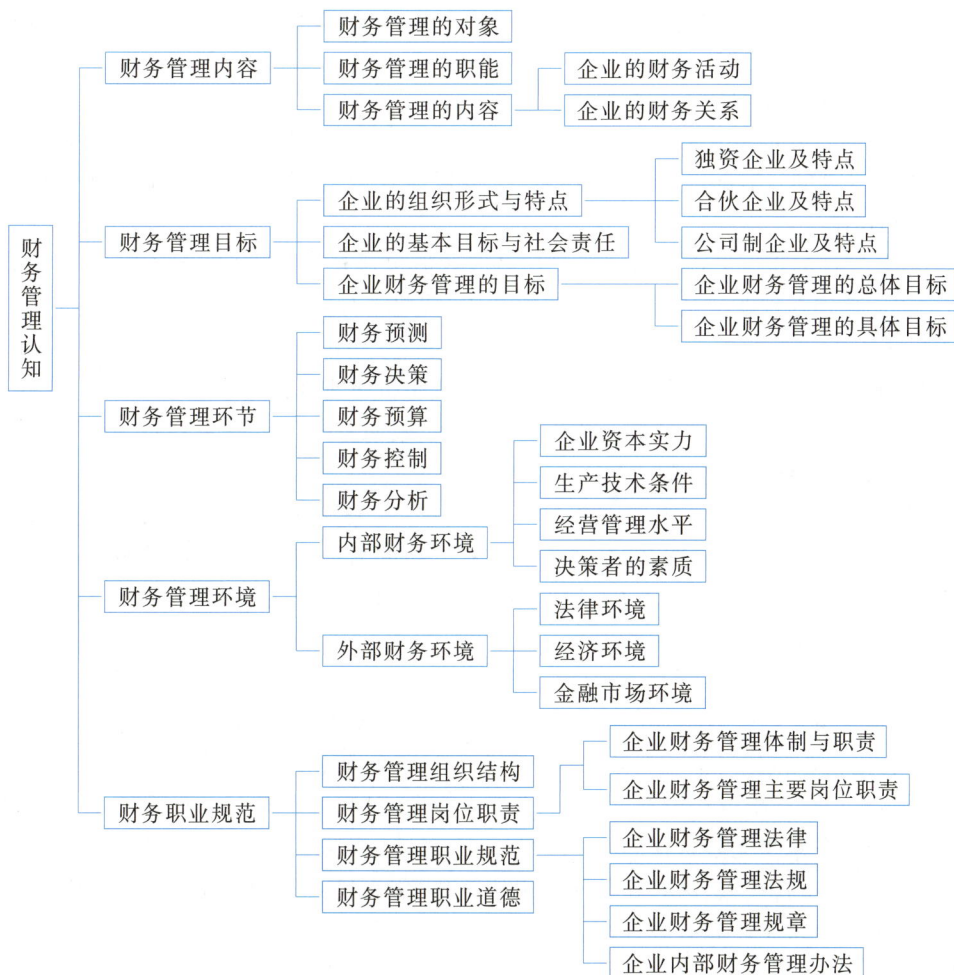

```
财务管理认知
├── 财务管理内容
│   ├── 财务管理的对象
│   ├── 财务管理的职能
│   └── 财务管理的内容
│       ├── 企业的财务活动
│       └── 企业的财务关系
├── 财务管理目标
│   ├── 企业的组织形式与特点
│   │   ├── 独资企业及特点
│   │   ├── 合伙企业及特点
│   │   └── 公司制企业及特点
│   ├── 企业的基本目标与社会责任
│   └── 企业财务管理的目标
│       ├── 企业财务管理的总体目标
│       └── 企业财务管理的具体目标
├── 财务管理环节
│   ├── 财务预测
│   ├── 财务决策
│   ├── 财务预算
│   ├── 财务控制
│   └── 财务分析
├── 财务管理环境
│   ├── 内部财务环境
│   │   ├── 企业资本实力
│   │   ├── 生产技术条件
│   │   ├── 经营管理水平
│   │   └── 决策者的素质
│   └── 外部财务环境
│       ├── 法律环境
│       ├── 经济环境
│       └── 金融市场环境
└── 财务职业规范
    ├── 财务管理组织结构
    ├── 财务管理岗位职责
    │   ├── 企业财务管理体制与职责
    │   └── 企业财务管理主要岗位职责
    ├── 财务管理职业规范
    └── 财务管理职业道德
        ├── 企业财务管理法律
        ├── 企业财务管理法规
        ├── 企业财务管理规章
        └── 企业内部财务管理办法
```

图 1-1　"财务管理认知"知识结构图

1

二、重点难点解析

（一）财务管理的含义

关于财务管理的含义，即什么是财务管理，不同学者从不同的角度对此有不同的理解。从实际工作出发，也会有不同的观点。不论是在理论上还是实践中，对财务管理的认识都是随着人类社会生产实践的产生而产生，并随着人类社会实践的发展而发展的。在市场经济条件下，尤其是在金融资本市场环境下，财务管理是企业管理的重要组成部分，财务管理主要运用价值形式，对企业资本活动实施管理，并通过价值这个纽带把企业各项管理工作有机地协调起来，从财务的角度来保证企业管理目标的实现。因此，一般认为，财务管理就是管理企业财务，简称"理财"。企业财务，是指企业在再生产活动中客观存在的资金运动及其所体现的经济利益关系。财务管理是基于再生产过程中客观存在的财务活动和财务关系而产生的，是企业组织财务活动、处理与各方面财务关系的一项经济管理工作。

（二）财务管理的对象

财务管理以企业再生产过程中的资金运动，即企业资金的筹集、投放、使用、收回和分配，以及各个环节所体现的财务关系为主要对象。企业再生产过程从社会产品价值的形成和实现过程看，表现为企业的资金运动。企业资金从货币资金开始，经过供应、生产、销售三个阶段，依次转换其形态，又回到货币资金的过程就是资金的循环，不断重复的资金循环就是资金的周转。

（三）财务管理的职能

财务管理的职能是财务管理作为一项经济管理活动本身所固有的职责和功能。

（1）财务管理的一般职能。财务管理的一般职能是指"管理的基本职能"，即计划、组织、指挥、协调和控制。

（2）财务管理的特有职能。财务管理的特有职能包括筹资职能、调节职能、分配职能和监督职能。它们分别与理财活动的工作内容相适应，彼此相对独立，又相互依存。

（四）财务管理的内容

现代企业财务管理的基本内容包括组织财务活动和处理财务关系两个方面。

（1）财务活动是指企业资金的筹集、投放、使用、收回及分配等一系列行为，其中，资金的投放、使用和收回可统称为投资。

（2）财务关系是指企业在组织财务活动过程中与有关各方所发生的经济利益关系，具体包括：企业与政府之间的财务关系、企业与投资者之间的财务关系、企业与债权人之间的财务关系、企业与受资者之间的财务关系、企业与债务人之间的财务关系、企业内部各单位之间的财务关系和企业与职工之间的财务关系。

（五）企业组织形式

企业是指从事生产经营活动的营利组织。就企业的基本组织形式而言，企业主要有个人独资企业、合伙企业和公司企业三类。这是国际上通行的企业组织形式。

个人独资企业，是指依法设立，由一个自然人投资，财产为投资人个人所有，投资人以其个人财产对企业债务承担无限责任的经营实体。

合伙企业，是指自然人、法人和其他组织依照《中华人民共和国合伙企业法》规定，在中国境内设立的普通合伙企业和有限合伙企业。

公司企业，是指依照《中华人民共和国公司法》（以下简称《公司法》）在中国境内设立的有限责任公司和股份有限公司。它们均为企业法人，并对企业债务负有限责任。

1

有限责任公司是指依法设立,股东以其出资额为限对公司承担责任,公司以其全部资产对公司的债务承担责任的企业法人。有限责任公司的特点有:❶有1~50个出资者;❷对公司债务承担有限责任;❸公司缴纳企业所得税。

股份有限公司是指依法设立,其全部股本分为等额股份,股东以其所持股份为限对公司承担责任,公司以其全部资产对公司的债务承担责任的企业法人。与独资企业和合伙企业相比,股份有限公司的优点表现在:❶有限责任;❷存续性;❸可转让性;❹易于筹资。

(六) 财务管理的目标

财务管理作为企业管理的一个组成部分,其目标取决于企业的基本目标和社会责任。企业的基本目标可以概括为生存、发展、获利。作为一种社会经济组织,企业在生存、发展和获利的整个过程中,必须承担一定的社会责任,包括保障员工、债权人和消费者权益的责任及自然环境保护的责任等。

1. 财务管理的总体目标

财务管理的总体目标是指企业财务管理预期实现的结果,也是评价企业财务管理效果的基本标准。对于企业的财务管理的总体目标,有各种不同观点,主要有利润最大化、资本利润率最大化(或每股利润最大化)、股东财富最大化和企业价值最大化等。

(1) 利润最大化。利润最大化是指企业通过合法经营,增收节支,使企业利润达到最大化。从财务的角度讲,就是实现最大的利润。这种观点的缺陷是:没有充分考虑资金的时间价值因素的影响;没有充分考虑风险价值因素的影响;没有考虑所获利润和投入资本额的关系,可能受到"报表粉饰"的影响。

(2) 资本利润率最大化(或每股利润最大化)。资本利润率是利润额与资本额的比率。每股利润是利润额与普通股股数的比值。但是,这种观点仍然没有考虑资金的时间价值因素和风险因素,因此也不能避免企业的短期行为。

(3) 股东财富最大化。股东财富最大化,也称股东价值最大化,是指企业通过合法经营,采取有效的经营和财务策略,使企业股东财富达到最大化。

(4) 企业价值最大化。企业价值最大化是指企业通过合法经营,采取有效的经营和财务策略,使企业价值达到最大。

2. 财务管理的具体目标

企业财务管理的总体目标必须落实在财务活动的日常工作中。只有把财务管理活动日常工作做好了,财务管理的总体目标才能实现,因此财务活动的各个环节都应有具体的工作目标。

(七) 财务管理的环节

财务管理的环节是指财务管理的工作步骤和一般程序,包括:财务预测、财务决策、财务预算、财务控制和财务分析五个基本环节。这些环节相互配合,紧密联系,形成周而复始的财务管理循环过程,构成完整的财务管理工作体系。因此,在企业财务管理实际工作中,对于一线财务管理人员来说,其主要任务就是对企业资金运用的整个过程进行日常管理。例如,对于某个"投资项目"的财务管理来说,其过程就是从项目的可行性分析和财务预测开始,依次经过项目投资方案设计与决策、项目融资方案设计与决策、项目的预算编制、项目运行过程的控制、项目的收益分配和项目的财务分析报告等环节,从而构成了企业日常财务管理的一般业务流程。

(八) 财务管理环境

财务管理环境,是指对企业财务活动和财务管理产生影响作用的企业内外部的各种条件。内部财务环境主要内容包括:企业资本实力、生产技术条件、经营管理水平和决策者的素质四

1

个方面。而外部财务环境,由于存在于企业外部,它们对企业财务行为的影响无论是有形的硬环境,还是无形的软环境,企业都难以控制和改变,更多的是适应和因势利导。影响企业外部财务环境的因素有多种,其中主要的有法律环境、经济环境和金融市场环境等因素。金融市场环境是企业最为主要的外部环境因素。

(九) 财务管理的组织结构

现代企业财务管理需要遵循特定的法规制度,通过系统的组织结构来进行。企业财务管理的组织结构与现代企业的治理结构及整个企业的管理结构是紧密相连的。

1. 企业内部治理结构

现代公司企业内部治理结构的基本框架是根据公司法律制度和公司章程建立的,目的在于明确划分公司有关方面的权力、责任和利益关系,形成相互之间的制衡关系。一般来说,公司的治理结构由三个方面构成:决策机构、执行机构和监督机构。

2. 企业管理组织结构

一般来说,现代企业的管理组织结构因企业的业务规模和所处行业不同而有不同的模式,如直线式、职能式、矩阵式、事业部式等。

3. 企业财务管理组织结构

企业财务管理有其特定的对象和职能,也需要设计一定的组织结构。

(十) 财务管理的岗位职责

我国《企业财务通则》从政府宏观财务、投资者财务和经营者财务三个层次,构建了我国企业财务管理体制,并从投资者和经营者两方面规定了财务管理职责。根据财务管理职责,结合企业财务组织机构设置,进一步明确财务管理各工作岗位职责,通常设置的财务管理岗位包括:财务副总经理(或 CFO)、财务部经理、财务主管以及各个财务业务岗位等。

(十一) 财务管理职业规范

财务管理职业规范是指企业财务管理人员在从事各项财务活动、处理各种财务关系过程中应遵循的行为准则和规则的总称。企业财务管理职业规范包括:国家颁布的各项财务管理法律、法规、规章制度,以及企业内部制定的财务管理办法等。我国企业财务管理法规制度体系主要包括:企业财务的法律、企业财务的法规、企业财务的规章制度和企业内部财务管理办法等四个层次。

(十二) 财务管理职业道德

财务管理职业道德是指从事财务管理工作这个特定职业的人们必须遵循的道德规范和行为准则的总和,它是从事财务管理职业所应达到的基本要求。我国企业财务管理职业道德主要包括三方面内容:❶坚持诚信,守法奉公;❷坚持准则,守责敬业;❸坚持学习,守正创新。

知识小结:
项目一

习　　题

任务一　熟悉财务管理内容

一、判断题

1.企业财务管理是基于企业再生产过程中客观存在的资金运动而产生的,是企业资金筹

集与运用的一项经济管理工作。　　　　　　　　　　　　　　　　　　（　　）

2. 企业与政府之间的财务关系体现为投资与受资的关系。　　　　　　　（　　）

3. 企业财务活动的内容,也是企业财务管理的基本内容。　　　　　　　（　　）

4. 财务管理是企业管理的重要组成部分,所以财务管理职能和企业管理职能是一样的。

　　　　　　　　　　　　　　　　　　　　　　　　　　　　　　　　　（　　）

5. 财务与会计都具有相同的监督职能。　　　　　　　　　　　　　　　（　　）

6. 广义的分配是指对投资收入(如销售收入)和利润进行分割和分派的过程,而狭义的分配仅指对利润的分配。　　　　　　　　　　　　　　　　　　　　　　　　　（　　）

7. 从企业筹资渠道来看,筹资活动包括权益资金筹集和负债资金筹集。　（　　）

8. 财务管理的对象和会计的对象都是企业再生产过程中的资金运动,所以,财务与会计本质上没有区别。　　　　　　　　　　　　　　　　　　　　　　　　　　　（　　）

二、单项选择题

1. 资金的实质是(　　　　)。

　　A. 生产过程中运动着的价值　　　　　　B. 再生产过程中运动着的价值

　　C. 生产过程中的价值运动　　　　　　　D. 再生产过程中的价值运动

2. 下列各项活动中,不属于财务活动的是(　　　)。

　　A. 投资活动　　　　B. 利润分配　　　　C. 营运资金筹集　　　D. 原材料核算

3. 财务管理的核心工作环节是(　　　)。

　　A. 财务预测　　　　B. 财务决策　　　　C. 财务预算　　　　　D. 财务控制

4. 企业财务关系中最为重要的关系是(　　　)。

　　A. 股东与经营者之间的关系

　　B. 股东与债权人之间的关系

　　C. 股东、经营者、债权人之间的关系

　　D. 企业与作为社会管理者的政府有关部门、社会公众之间的关系

5. 企业与政府之间的财务关系体现为(　　　)。

　　A. 债权债务关系　　　　　　　　　　　B. 强制和无偿的分配关系

　　C. 资金结算关系　　　　　　　　　　　D. 风险收益对等关系

6. (　　　)是资金运动的前提。

　　A. 投资活动　　　　B. 筹资活动　　　　C. 利润分配活动　　　D. 经营活动

7. 财务关系是指企业在财务活动中所体现的与各方面的(　　　)。

　　A. 货币结算关系　　B. 债权债务关系　　C. 货币关系　　　　　D. 经济利益关系

8. 在下列经济活动中,能够体现企业与其投资者之间财务关系的是(　　　)。

　　A. 企业向国有资产投资公司交付利润　　B. 企业向国家税务机关缴纳税款

　　C. 企业向其他企业支付货款　　　　　　D. 企业向职工支付工资

三、多项选择题

1. 以下各项活动中,属于筹资活动的有(　　　　　)。

　　A. 确定资金需求规模　　　　　　　　　B. 合理使用筹集资金

　　C. 选择资金取得方式　　　　　　　　　D. 确定最佳资本结构

1

2. 财务管理是(   )的一项经济管理工作。

    A. 组织企业财务活动　　　　　　　　　B. 组织购销活动

    C. 处理财务关系　　　　　　　　　　　D. 进行人力资源管理

3. 依据企业的财务活动过程及其范围,企业财务管理的基本内容包括(   )。

    A. 筹资管理　　　　B. 投资管理　　　　C. 营运资金管理　　　D. 利润分配管理

4. 财务管理的职能包括(   )。

    A. 筹资职能　　　　B. 分配职能　　　　C. 核算职能　　　　D. 监督职能

5. 企业财务活动的内容包括(   )等方面。

    A. 筹资活动　　　　B. 投资活动　　　　C. 分配活动　　　　D. 营运活动

四、思考题

1. 企业再生产过程的资金运动过程有哪些?

2. 企业财务管理的内容是什么?

3. 财务管理与会计的对象有什么联系与区别?

4. 财务管理有哪些特殊职能? 与会计职能的区别是什么?

5. 财务管理的内容与会计的内容有什么区别?

任务二　理解财务管理目标

一、判断题

1. 在个人独资企业中,独资人承担有限责任。　　　　　　　　　　　　　(　　)

2. 合伙企业本身不是法人,不缴纳企业所得税。　　　　　　　　　　　　(　　)

3. 公司是以营利为目的从事经营活动的组织。　　　　　　　　　　　　　(　　)

4. 企业追求利润最大化,能优化资源配置,实现企业资产保值增值的目的。　(　　)

5. 以每股利润最大化作为财务管理的目标,考虑了资金的时间价值但没有考虑投资的风险价值。　　　　　　　　　　　　　　　　　　　　　　　　　　　　　(　　)

6. 企业组织财务活动中与有关各方所发生的经济利益关系称为财务关系,但不包括企业与职工之间的关系。　　　　　　　　　　　　　　　　　　　　　　　(　　)

7. 解聘是所有者约束经营者的办法。　　　　　　　　　　　　　　　　　(　　)

8. 在企业财务关系中,最为重要的关系是指企业与作为社会管理者的政府有关部门、社会公众之间的关系。　　　　　　　　　　　　　　　　　　　　　　　　　(　　)

9. 股票市价是一个能够较好地反映企业价值最大化目标实现程度的指标。　(　　)

10. 股东财富最大化是用公司股票的市场价格来衡量的。　　　　　　　　(　　)

11. 在市场经济条件下,报酬和风险是呈反比的,即报酬越高、风险越小。　(　　)

12. 因为企业的价值与预期的报酬呈正比,与预期的风险呈反比,因此,企业的价值只有在报酬最大、风险最小时才能达到最大。　　　　　　　　　　　　　　　　(　　)

二、单项选择题

1. 独资企业要缴纳(   )。

    A. 企业所得税　　　B. 资源占用税　　　C. 个人所得税　　　D. 以上三种都要缴纳

1

2. 股份有限公司的最大缺点是(　　　)。
   A. 容易产生内部人控制　　　　　　B. 信息被披露
   C. 责任不明确　　　　　　　　　　D. 收益重复纳税

3. 每股利润最大化目标的优点是(　　　)。
   A. 反映企业创造剩余产品的多少
   B. 反映企业创造利润和投入资本的多少
   C. 考虑了资金的时间价值
   D. 避免了企业的短期行为

4. 下列各项中,不属于解决经营者和所有者之间矛盾的方法是(　　　)。
   A. 解聘　　　　B. 监督　　　　C. 限制性借债　　　　D. 激励

5. 下列能充分考虑资金时间价值和投资风险价值的理财目标是(　　　)。
   A. 利润最大化　　　　　　　　　　B. 资本利润率最大化
   C. 每股利润最大化　　　　　　　　D. 股东财富最大化

6. 相对于每股利润最大化目标而言,企业利润最大化目标的不足之处是(　　　)。
   A. 没有考虑资金时间价值　　　　　B. 没有考虑投资的风险价值
   C. 不能反映企业潜在的获利能力　　D. 不能直接反映企业当前的获利水平

7. 下列关于财务管理目标的说法中,(　　　)观点反映了对企业资产保值增值的要求,并克服了管理上的片面性和短期行为。
   A. 资本利润率最大化　　　　　　　B. 每股利润最大化
   C. 企业价值最大化　　　　　　　　D. 利润最大化

8. 在股份制企业,尤其是上市的股份公司,企业价值最大化的目标往往演变为(　　　)。
   A. 每股利润最大化　　　　　　　　B. 利润最大化
   C. 股票账面价格最大化　　　　　　D. 股票市场价格最大化

9. 我国财务管理的最优目标是(　　　)。
   A. 总价值最大化　　　　　　　　　B. 利润最大化
   C. 股东财富最大化　　　　　　　　D. 企业价值最大化

三、多项选择题

1. 与独资企业和合伙企业相比,股份有限公司的优点有(　　　)。
   A. 有限责任　　　B. 存续性　　　C. 可转让性　　　D. 易于筹资

2. 公司的基本目标可以概括为(　　　)。
   A. 生存　　　　　B. 稳定　　　　C. 发展　　　　D. 获利

3. 利润最大化目标的缺陷有(　　　)。
   A. 没有考虑资金时间价值
   B. 没有反映创造利润与投入资本的关系
   C. 没有考虑风险因素
   D. 可能导致企业短期行为

4. 为协调所有者与债权人的矛盾,通常可采用的方法有(　　　)。
   A. 发行新债　　　　　　　　　　　B. 罚款
   C. 限制性借款　　　　　　　　　　D. 收回借款或不再借款

1

5. 所有者通过经营者损害债权人利益的常见形式有（　　　　　　）。

    A. 未经债权人同意发行新债券

    B. 未经债权人同意举借新债

    C. 投资于比债权人预计风险要高的新项目

    D. 不尽力增加企业价值

6. 企业价值最大化目标在运用时也存在着缺陷，表现在（　　　　　　）。

    A. 追求企业的价值化，不能使企业资产保值与增值

    B. 非上市企业的价值确定难度较大

    C. 股票价格的变动只受企业经营因素影响

    D. 股票价格的变动，除受企业经营因素影响外，还受其他企业无法控制因素影响

7. 为了协调所有者和经营者的矛盾，经常采用的方法有（　　　　　　）。

    A. 监督　　　　　　　B. 激励　　　　　　　C. 解聘经理　　　　　　　D. 罚款

8. 债权人为了防止其利益受到伤害，可以采取的保护措施有（　　　　　　）。

    A. 取得立法保护，如优先于股东分配剩余财产

    B. 在借款合同中规定资金的用途

    C. 拒绝提供新的借款

    D. 提前收回借款

四、思考题

1. 与独资企业和合伙企业相比，公司制企业有哪些优点和不足？

2. 什么是企业基本目标与社会责任？

3. 简述以利润最大化为财务管理目标的优缺点。

4. 简述以股东财富最大化为财务管理目标的优缺点。

5. 简述以企业价值最大化为财务管理目标的优缺点。

任务三　了解财务管理环节

一、判断题

1. 财务管理环节是指财务管理的工作步骤和一般程序，包括：财务预测、财务决策、财务预算、财务控制和财务分析五个基本环节。　　　　　　　　　　　　　　　　　　　　（　　）

2. 财务预测是对企业未来的财务活动情况的预计和测算，存在不确定性，很难准确，因此不重要。　　　　　　　　　　　　　　　　　　　　　　　　　　　　　　　　　　　（　　）

3. 在市场经济条件下，财务管理的核心是财务决策，财务预测是为财务决策服务的，决策关系到企业成败，而且可能影响企业长远的发展战略。　　　　　　　　　　　　　　　（　　）

4. 财务预算是以财务决策确立的方案和财务预测提供的信息为基础编制的，是财务预测和财务决策所确定的经营目标的系统化、具体化。　　　　　　　　　　　　　　　　　（　　）

5. 财务控制是指以财务预测为依据，运用特定的程序与方法，对财务活动过程进行监督、协调与指导，以确保财务管理目标得以全面实现的过程。　　　　　　　　　　　　　　（　　）

6. 实施追踪控制，及时调整误差，不管误差是由何种原因导致的，都需要调整财务控制标准。　　　　　　　　　　　　　　　　　　　　　　　　　　　　　　　　　　　　（　　）

二、单项选择题

1. 下列项目中,不属于财务管理基本环节的是(　　)。

　　A. 财务预测　　　　　B. 财务决策　　　　　C. 财务控制　　　　　D. 资金循环

2. (　　)是进行财务决策的基础,是编制财务预算的前提。

　　A. 财务预测　　　　　B. 财务核算　　　　　C. 财务控制　　　　　D. 财务分析

3. 财务预测工作内容与步骤不包括(　　)。

　　A. 明确预测目标,确定预测对象　　　　　B. 收集和整理预测资料

　　C. 分析财务环境,确定预算指标　　　　　D. 分析预测结果,编写预测报告

4. (　　)属于事后管理,它既是对财务控制结果进行的事后评价,又是新一轮财务预算与财务控制的依据。

　　A. 财务预测　　　　　B. 财务决策　　　　　C. 财务控制　　　　　D. 财务分析

5. 财务控制按(　　)可分为预算控制和制度控制。

　　A. 控制的时间　　　　B. 控制的对象　　　　C. 控制的手段　　　　D. 控制的依据

6. 在市场经济条件下,财务管理的核心是(　　),它不但关系到企业成败,还可能影响企业长远的发展战略。

　　A. 财务预测　　　　　B. 财务控制　　　　　C. 财务决策　　　　　D. 财务预算

三、多项选择题

1. 预算内容根据要求不同而有所不同,主要有(　　　　)等。

　　A. 现金预算　　　　　B. 销售预算　　　　　C. 成本费用预算　　　D. 资本预算

2. 财务预算的主要工作包括(　　　　)。

　　A. 分析财务环境,确定预算指标　　　　　B. 协调财务能力,组织综合平衡

　　C. 选择预算方法,编制财务预算　　　　　D. 分析预测结果,编写预测报告

3. 财务决策的一般程序和步骤包括(　　　　)。

　　A. 确定决策目标　　B. 备选方案与评价　　C. 组织综合平衡　　D. 选择最优方案

4. 财务控制按控制的对象可分为(　　　　)。

　　A. 绝对数控制　　　B. 相对数控制　　　　C. 收支控制　　　　　D. 现金控制

5. 财务控制的基本工作步骤包括(　　　　)。

　　A. 收集资料,掌握信息　　　　　　　　　B. 制定控制标准,分解落实责任

　　C. 分析执行差异,搞好考核奖惩　　　　　D. 实施追踪控制,及时调整误差

6. 财务分析的一般程序包括(　　　　)。

　　A. 收集资料,掌握信息　　　　　　　　　B. 进行对比,作出评价

　　C. 分析原因,明确责任　　　　　　　　　D. 提出措施,改进工作

四、思考题

1. 财务管理工作包括哪些基本环节?它们之间有何关系?

2. 财务预测工作的内容与步骤包括哪些?

3. 财务预算的内容和主要工作有哪些?

4. 财务控制的一般步骤有哪些?

1

任务四 分析财务管理环境

一、判断题

1. 金融市场的纯利率是指没有风险和通货膨胀情况下的平均利率。 （ ）

2. 市场经济是一种法治经济,企业的一切经济活动总是在一定法律规范的范围内进行的。
（ ）

3. 按照国际惯例,企业划分为独资企业、合伙企业和公司制企业,它们都是法人企业。
（ ）

4. 在生产经营活动中,国家规定的各项法律不会引起财务安排的变动或者说在财务活动中必须予以考虑。 （ ）

5. 财务管理作为一种微观管理活动,宏观经济调控政策等经济环境对其不会产生影响。
（ ）

6. 国家采取收缩的调控政策时,会导致企业的现金流入减少,现金流出增加,资金紧张,投资压缩。 （ ）

7. 狭义的金融市场一般是指有价证券市场,即股票和债券的发行和买卖市场。 （ ）

8. 金融政策的变化未必影响企业的筹资与投资。所以,金融市场环境并不是主要的环境因素。 （ ）

9. 中国人民银行是我国的中央银行,它代表政府管理全国的金融机构和金融活动,但不得经理国库。 （ ）

10. 在没有通货膨胀时,国债的利率可以视为纯利率。 （ ）

二、单项选择题

1. 下列各项环境中,（ ）属于企业内部财务环境,是企业可以从总体上采取一定的措施施加控制并改变的因素。

    A. 金融市场环境   B. 法律环境

    C. 经济环境   D. 企业资本实力

2. 没有风险和通货膨胀情况下的平均利率是（ ）。

    A. 基准利率   B. 固定利率   C. 纯利率   D. 名义利率

3. 没有通货膨胀时,（ ）的利率可以视为纯利率。

    A. 短期借款   B. 金融债券   C. 国债   D. 公司债券

4. 土地增值税属于我国税收法规与企业相关的（ ）。

    A. 所得税类   B. 流转税类

    C. 资源税类   D. 行为税类

5. （ ）是指在一定的社会制度下,生产关系的具体形式以及组织、管理和调节国民经济的体系、制度、方式和方法的总称。

    A. 经济管理体制   B. 经济结构

    C. 经济制度   D. 宏观经济政策

6. 金融市场是指资金筹集的场所,生产资料的产权交换市场（ ）。

    A. 属于狭义金融市场   B. 属于广义金融市场

    C. 不属于金融市场   D. 属于实物资本市场

7. 金融市场按交易性质可以分为(　　　)。

　　A. 现货市场和期货市场

　　B. 发行市场和流通市场

　　C. 短期资金市场和长期资金市场

　　D. 同业拆借市场、国债市场、企业债券市场、股票市场和金融期货市场等

8. 保险公司属于(　　　)金融机构。

　　A. 政策银行　　　　　　　　　　B. 商业银行

　　C. 非银行　　　　　　　　　　　D. 一般企业

9. (　　　)是指为了弥补因债务人无法按时还本付息而带来的风险,由债权人要求附加的利率。

　　A. 违约风险附加率　　　　　　　B. 流动性风险附加率

　　C. 期限风险附加率　　　　　　　D. 通货膨胀附加率

三、多项选择题

1. 下列各项中,属于利率组成因素的有(　　　　　)。

　　A. 纯利率　　　　　　　　　　　B. 通货膨胀补偿率

　　C. 风险报酬率　　　　　　　　　D. 社会累积率

2. 风险附加率包括(　　　　　)。

　　A. 违约风险报酬率　　　　　　　B. 流动性风险报酬率

　　C. 期限风险报酬率　　　　　　　D. 通货膨胀补偿率

3. 金融市场对企业财务活动的影响,主要表现在(　　　　　)。

　　A. 金融市场是企业投资和筹资的场所

　　B. 企业通过金融市场使长短期资金相互转化

　　C. 金融市场为企业理财提供有意义的信息

　　D. 企业是金融市场的主体

4. 内部财务环境的主要内容包括(　　　　　)等方面。

　　A. 企业资本实力　　　　　　　　B. 生产技术条件

　　C. 经营管理水平　　　　　　　　D. 决策者的素质

5. 企业财务管理中应遵循的法律法规,主要包括(　　　　　)。

　　A. 企业组织法　　　B. 税收法规　　　C. 财务法规　　　D. 其他法规

6. 从整体上说,法律环境对企业财务管理的影响和制约主要表现在(　　　　　)方面。

　　A. 筹资　　　　　　B. 投资　　　　　　C. 分配　　　　　　D. 内部管理

7. 经济结构一般指从各个角度考察社会生产和再生产的构成,包括(　　　　　)。

　　A. 产业结构　　　　B. 地区结构　　　C. 分配结构　　　D. 技术结构

8. 金融市场按交割的时间分为(　　　　　)。

　　A. 现货市场　　　　B. 期货市场　　　C. 股票市场　　　D. 债券市场

四、思考题

1. 企业财务管理法律环境包括的内容及对企业财务管理的影响是什么?

2. 企业财务管理经济环境包括的内容及对企业财务管理的影响是什么?

1

3. 企业财务管理金融市场环境包括的内容及其对企业财务管理的影响是什么?

4. 市场利率的构成是什么?

任务五　遵守财务职业规范

一、判断题

1. 企业财务管理的组织结构与现代企业的治理结构及整个企业的管理结构是紧密相连的。（　　）

2. 所有企业的治理结构都包括三个方面:决策机构、执行机构和监督机构。（　　）

3. 现代公司企业的决策机构包括股东大会和董事会。其中,股东大会是公司的最高决策机构。（　　）

4. 我国《企业财务通则》只明确规定了经营者的财务管理职责。（　　）

5. 财务副总经理的主要职责是主持公司财务战略的制定、财务管理及内部控制工作,筹集公司运营所需资金,完成企业财务计划等。（　　）

6. 企业财务的法律是由省级以上人大及其常委会审议通过的涉及企业财务管理方面的法律。（　　）

7. 企业内部财务管理办法不具有法律约束力。（　　）

8. 财务管理职业道德是指从事财务管理工作这个特定职业的人们必须遵循的道德规范和行为准则的总和。（　　）

二、单项选择题

1. 现代公司企业的最高决策机构是(　　)。

　　A. 董事会　　　　　　　　　　　B. 股东大会

　　C. 公司高层管理阶层　　　　　　D. 工会组织

2. 决定企业的筹资、投资、担保、捐赠、重组、经营者报酬、利润分配等重大财务事项属于(　　)财务管理职责。

　　A. 投资者　　　B. 经营者　　　C. 国家　　　D. 债权人

3. (　　)的主要职责是组织好日常财务管理工作,制定本企业各项具体的财务与会计制度,并具体负责监督执行。

　　A. CFO　　　B. 财务经理　　　C. 财务主管　　　D. 会计主管

4. 上海市制定的大中型国有企业财务总监制度属于(　　)。

　　A. 企业财务管理法律　　　　　　B. 企业财务管理法规

　　C. 企业财务管理规章　　　　　　D. 地方性企业财务管理法规

5. 在财务管理职业道德中,(　　)要求财务人员"做老实人,说老实话,办老实事,执业谨慎,信誉至上,不为利益所诱惑,不弄虚作假,不泄露秘密"。

　　A. 爱岗敬业　　　B. 诚实守信　　　C. 廉洁自律　　　D. 客观公正

三、多项选择题

1. 公司制企业内部治理结构由(　　)构成。

　　A. 决策机构　　　B. 执行机构　　　C. 监事机构　　　D. 党组织

2.我国《企业财务通则》明确规定,从(　　　　　)三个层次,构建资本权属清晰、财务关系明确、符合企业法人治理结构要求的企业财务管理体制,围绕企业的财务管理要素,对企业财务行为进行规范。

　　A.政府宏观财务　　　B.投资者财务　　　　C.经营者财务　　　　D.债权人财务

3.以下属于经营管理者财务职责的有(　　　　　)。

　　A.拟定企业内部财务管理制度、财务战略、财务规划,编制财务预算

　　B.组织财务预测和财务分析,实施财务控制

　　C.决定企业聘请或者解聘会计师事务所、资产评估机构等中介机构事项

　　D.配合有关机构依法进行审计、评估、财务监督等工作

4.下列属于企业财务管理法规的有(　　　　)。

　　A.《国有资产评估管理办法》　　　　　B.《总会计师条例》

　　C.《企业财务通则》　　　　　　　　　D.《企业会计制度》

5.我国企业财务管理法规制度体系包括(　　　　)。

　　A.企业财务的法律　　　　　　　　　B.企业财务管理法规

　　C.企业财务管理规章　　　　　　　　D.企业内部财务管理办法

四、思考题

1.企业财务管理法规体系包括哪几个层次?

2.企业财务管理的职责有哪些?

3.什么是财务管理的职业道德?它包括哪些主要内容?

项 目 实 训

项目实训一　企业财务管理工作认知实训

一、实训目的

通过对某个企业财务管理的组织结构、外部环境、业务流程、岗位职责、职业规范和职业道德等方面的实际考察,加深对财务管理内容、职能与目标的理解,以便对企业财务管理工作有较为全面的认知。

二、实训任务

选定某个行业上市公司,通过互联网搜集该公司概况和财务管理工作的相关资料,运用所学的相关知识,完成对该公司财务管理工作的认知报告。

三、实训准备

(1)知识准备:学习和掌握财务管理的内容、职能、目标、环境、工作环节和职业规范等相关知识。

(2)组织准备:教师布置实训任务,按照5～6人一组进行分组,选定小组长,小组长在教

1

师指导下进行组员分工。各个小组选定的上市公司应该属于不同行业,不应为同一公司。

（3）实训指导:教师根据实训目的与任务,提出实训要求,并就完成实训任务的途径与方法给予指导。例如,如何利用网络搜集相关资料、如何撰写认知报告等。

四、实训材料

由各小组自己准备。按照本项目实训要求,搜集的相关数据资料应该包括以下内容:

（1）公司基本概况,包括:公司名称、法人代表、行业、性质、规模、业务范围和经营状况等。

（2）公司财务管理机构设置,包括:公司组织结构、财务管理机构设置、岗位设置和财务人员配备等。

（3）公司财务管理工作规范,包括:财务管理的工作流程、部门职责、岗位职责、职业规范和职业道德等。

（4）公司财务管理内外环境,内部财务环境包括:企业资本实力、生产技术条件、经营管理水平和决策者的素质等。外部财务环境主要包括:法律环境、经济环境和金融市场环境等。

五、实训步骤

（1）数据资料的收集与整理。利用网站、报纸或杂志等媒体收集上市公司上述各方面相关数据资料。

（2）确定上市公司财务管理工作认知报告框架。在对上述数据资料整理加工的基础上,小组充分讨论交流、确定认知报告的框架与重点。报告内容应该包括:上市公司概况、财务管理组织机构设置、财务管理工作规范、财务管理内外环境分析、对该公司财务管理工作总体评价与建议等。

（3）小组分工协作、讨论交流,共同完成上市公司财务管理工作认知报告。

（4）提交小组报告,班级交流、教师点评总结。

六、实训考核

实训结束后,指导教师应该对每个小组提交的上市公司财务管理工作认知报告和实训过程进行考核和评价,并计入学生的课程平时成绩。考核的要点有:

（1）对上市公司财务管理工作相关数据资料的收集整理情况。

（2）对财务管理工作的认知情况。

（3）报告结构与内容的全面性、条理性和逻辑性,以及描述问题方法运用,如流程图等。

（4）报告格式规范性。

（5）在课堂讨论交流中的表现（分析解决问题能力与创新思维等）。

项目二 财务管理价值观念

学 习 指 导

一、知识结构图

本项目"财务管理价值观念"的主要知识结构如图 2-1 所示。

图 2-1 "财务管理价值观念"知识结构图

二、重点难点解析

(一) 资金时间价值的含义

资金时间价值是指资金经过一定时间的投资和再投资后所增加的价值,表现为在不同时点上价值量的差额。资金时间价值的实质,是资金周转使用后的增值额,即劳动者所创造的剩余价值的一部分。资金的时间价值可用绝对数(利息)和相对数(利率)两种形式表示,通常用相对数表示。资金时间价值实际上是没有风险和没有通货膨胀条件下的社会平均资金利润率，它既是企业资金利润率的最低限度，也是使用资金的最低成本率。

(二) 资金时间价值的计算

由于资金在不同时点上具有不同的价值，不同时点上的资金就不能直接比较，必须换算到相同的时点上才能比较。资金时间价值的计算包括一次性收付款项和非一次性收付款项的终值和现值计算。

1. 资金时间价值的两个重要概念：现值和终值

现值，是指未来某一时点上的一定量现金折算到现在的价值。终值，是指现在一定量的现金在将来某一时点上的价值。由于终值与现值的计算与利息的计算方法有关，而利息的计算有单利和复利两种，因此，终值与现值的计算也有单利和复利之分。在财务管理中，一般按复利来计算。

2. 资金时间价值的计算

首先要判断已知的现金流量的收付款方式，如是等额的系列收付款项，即为年金方式，并按收付款时点不同，区分为普通年金、预付年金、递延年金和永续年金，然后根据年金现值和终值公式进行计算。如果是非年金方式的复杂情况现金流量，可以灵活运用一次性收付款和年金的计算方法，计算其资金时间价值。

3. 熟悉掌握各种现值或终值系数之间的关系

"预付年金终值系数"，可利用普通年金终值系数表查得($n+1$)期的终值系数，然后减去1，就可得到1元预付年金终值。"预付年金现值系数"，可利用普通年金现值系数表查得($n-1$)期的现值系数，然后加上1，就可得到1元预付年金现值。

年回收额的计算，是指在已知年金现值的条件下求年金，是年金现值的逆运算。"回收系数"，是指年金现值系数的倒数，也可查表获得。年偿债基金的计算，是指已知年金终值，反过来求每年收付的年金数额，这是年金终值的逆运算，可根据年金终值系数的倒数得到。"偿债基金系数"，也可查偿债基金系数表得到。

4. 资金时间价值计算公式汇总（表 2-1）

表 2-1　　　　　　　　　　资金时间价值计算公式汇总表

类　别		现　值	终　值
一次性收付款项	单利	$P = \dfrac{F}{(1+i\times n)}$	$F = P + I = P + P\times i\times n$ $= P\times(1+i\times n)$
	复利	$P = F\div(1+i)^n = F\times(1+i)^{-n}$ $= F\times(P/F, i, n)$	$F = P\times(1+i)^n$ $= P\times(F/P, i, n)$
年金	普通年金	$P_A = A\times\left[\dfrac{1-(1+i)^{-n}}{i}\right]$ $= A\times(P/A, i, n)$ 年回收额 A $A = P_A\times\dfrac{i}{1-(1+i)^{-n}}$ $= P_A\times(A/P, i, n)$	$F_A = A\times\dfrac{(1+i)^n-1}{i}$ $= A\times(F/A, i, n)$ 年偿债基金 A $A = F_A\times\dfrac{i}{(1+i)^n-1}$ $= F_A\times(A/F, i, n)$

续　表

类　　别		现　　值	终　　值
年金	预付年金	$P_A = A \times \left[\dfrac{1-(1+i)^{-n}}{i} \right] \times (1+i)$ $= A \times \left[\dfrac{1-(1+i)^{-(n-1)}}{i} + 1 \right]$ $= A \times [(P/A, i, n-1)+1]$	$F_A = A \times \dfrac{(1+i)^n - 1}{i} \times (1+i)$ $= A \times \left[\dfrac{(1+i)^{n+1}-1}{i} - 1 \right]$ $= A \times [(F/A, i, n+1)-1]$
	递延年金	递延年金的现值有三种方法： ❶ $P_A = A \times (P/A, i, n) \times (P/F, i, m)$ ❷ $P_A = A \times [(P/A, i, m+n)-(P/A, i, m)]$ ❸ $P_A = A \times (F/A, i, n) \times (P/F, i, m+n)$	$F_A = A \times (F/A, i, n)$
	永续年金	$P_A = A \times \dfrac{1-(1+i)^{-n}}{i} = \dfrac{A}{i}$ $[当 n \to +\infty, (1+i)^{-n} \to 0]$	无

（三）资金时间价值的应用

资金时间价值的应用，如表 2-2 所示。

表 2-2　　　　　　　　　　　　　　资金时间价值实际应用表

名义利率与实际利率	内　插　法	复杂现金流量的现值
当利息在一年内要复利几次时，给出的年利率称为名义利率，用 r 表示，根据名义利率计算出的一年内复利几次的年利率称为实际利率，用 i 表示。 $i=(1+r/m)^m - 1（m$ 表示每年复利的次数）	复利计息方式下，利率与现值（或者终值）系数之间存在一定的数量关系，已知现值（或者终值）系数，则可以通过内插法计算对应的利率。 $i = i_1 + \dfrac{(B-B_1) \times (i_2 - i_1)}{(B_2 - B_1)}$	（1）基本方法： $P = \sum\limits_{t=1}^{n} A_t (1+i)^{-t}$ （2）综合运用年金和复利计算公式

（四）风险与风险价值

1. 风险与不确定性、损失、危险的联系与区别

风险与不确定性、损失、危险的联系与区别，如表 2-3 所示。

表 2-3　　　　　　　　　　风险与不确定性、损失、危险的联系与区别

项目	定　　义	联　　系	区　　别
风险	风险是指在一定条件下、一定时期内，某一项行动具有多种可能的结果，且结果不确定	结果的不确定性或损失发生的可能性、危险是增加风险程度的因素	与不确定、损失和危险的区别： ❶风险对于未来结果的不确定性有一定认知。❷风险不等于损失，风险不仅可能带来预期的损失，而且也可能带来预期的报酬。❸不管危险如何风险都是客观存在的
不确定性	不确定性是指对于某种行动，人们不知道可能出现的各种结果，或者知道各种可能的结果但不知道各种结果可能出现的概率，只能作出粗略的估计	与风险的联系： 未来发生的结果都具有不确定性	与风险的区别： ❶不确定性对未来结果缺乏主观认知能力与认知条件。❷风险能够对未来结果发生的概率进行认知
损失	损失是事件发生最终结果不利状态的代表	与风险的联系： 损失是与风险相伴而生的，没有损失也就无所谓风险	与风险的区别： ❶损失是事后事件，风险是事前事件。❷风险是潜在的损失，并不等于损失的本身

续　表

项目	定　义	联　系	区　别
危险	危险一般是指损失事件更易于发生或损失事件一旦发生会使损失更加严重的环境	与风险的联系： 危险是影响风险的一种环境性因素,是导致风险水平增加的原因。一般是指损失事件更易于发生或损失事件一旦发生会使损失更加严重的环境	与风险的区别： ❶危险可以通过采取积极的控制和防范措施加以消除,从而降低风险水平和程度,减少风险可能带来的损失。❷风险无论如何都是客观存在的,无法消除

2.风险的种类

企业面临的风险主要有市场风险和企业特有风险两种。市场风险是指影响所有企业的风险。企业特有风险是指个别企业的特有事件造成的风险,包括经营风险与财务风险。经营风险是指由于企业生产经营条件的变化对企业报酬带来的不确定性,又称商业风险。财务风险是指由于企业举债而给财务成果带来的不确定性,又称筹资风险。

3.风险价值

风险价值是指投资者冒着风险进行投资而获得的超过货币时间价值的那部分额外报酬,是对人们所遇到的风险的一种价值补偿,也称风险报酬,一般以风险报酬率来表示。在不考虑通货膨胀的条件下,投资者冒着风险进行投资所希望得到的投资报酬率是无风险报酬率与风险报酬率之和,即：

$$投资报酬率＝无风险报酬率＋风险报酬率$$

(五)风险程度的计量

1.概率分布

概率就是用来反映随机事件发生的可能性大小的数值,一般用百分数或小数来表示。设概率为 P_i,则概率分布必须符合以下要求：$0 \leqslant P_i \leqslant 1$；$\sum_{i=1}^{n} P_i = 1$。将随机事件各种可能结果及相应的各种结果出现的概率按一定规则排列出来,构成分布图,则称为概率分布。

2.期望值

期望值是指可能发生的结果与各自概率之积的加权平均值,反映投资者的合理预期,用 E 表示,其计算公式为：

$$E = \sum_{t=1}^{n} X_i P_i$$

3.风险程度计量计算公式汇总

风险程度计量计算公式汇总,如表 2-4 所示。

表 2-4　　　　　　　　　　　风险程度计量计算公式汇总表

风险程度计量指标	公　式	意　义
方差	$\sigma^2 = \sum_{i=1}^{n} (X_i - E)^2 \times P_i$	方差越大,说明各实际可能结果偏离期望值的程度越大,反之则说明各实际可能结果偏离期望值的程度较小
标准离差	$\sigma = \sqrt{\sum_{i=1}^{n} (X_i - E)^2 \times P_i}$	标准离差用来反映决策方案的风险,是一个绝对数。期望值相同时,标准离差越大,表明各种可能值偏离期望值的幅度越大,结果的不确定性越大,风险也越大;反之,则风险也越小
标准离差率	$q = \dfrac{\sigma}{E} \times 100\%$	标准离差率是一个相对数。在期望值不同时,标准离差率越大,表明可能值与期望值偏离程度越大,结果的不确定性越大,风险也越大;反之,风险也越小

（六）风险与报酬的关系

风险与报酬之间的关系可以通过风险报酬系数来反映。风险报酬系数是指风险报酬率与标准离差率的比率,反映单位风险所要求的平均报酬。它既可以是经验数值,也可以根据有关历史资料采用高低点法计算求得。风险报酬率＝风险报酬系数×标准离差率,即:$R_R=bq$。在不考虑通货膨胀因素的影响时,投资报酬率＝无风险报酬率＋风险报酬率。即:$R=R_F+R_R=R_F+bq$。

知识小结:
项目二

2

习　　题

任务一　资金时间价值认知与计算

一、判断题

1. 在终值与利率一定的情况下,计息期越多,复利现值就越小。　　　　　　（　　）
2. 永续年金可视作期限无限的普通年金,终值与现值的计算可在普通年金的基础上求得。
　　　　　　　　　　　　　　　　　　　　　　　　　　　　　　　　　（　　）
3. 预付年金的终值与现值,可在普通年金终值与现值的基础上乘(1＋i)得到。　（　　）
4. 递延年金现值的大小与递延期无关,因此,计算方法与普通年金现值是一样的。
　　　　　　　　　　　　　　　　　　　　　　　　　　　　　　　　　（　　）
5. 单利与复利是两种不同的计息方法,单利终值与复利终值在任何时候都不可能相等。
　　　　　　　　　　　　　　　　　　　　　　　　　　　　　　　　　（　　）
6. 资金在不同时点上具有不同的价值,不同时点上的资金就不能直接比较,必须换算到相同的时点上,才能比较。　　　　　　　　　　　　　　　　　　　　　　　（　　）
7. 折旧、租金、等额分期付款、养老金、保险费、零存整取等都属于年金问题。　（　　）
8. 普通年金是在期末这个时点上发生收付,故又称后付年金。　　　　　　　（　　）
9. 预付年金与普通年金的区别在于收付款的时点不同。　　　　　　　　　　（　　）
10. 年金的第一次收付时间都发生在整个收付期的第一期,要么在第一期期末,要么在第一期期初。　　　　　　　　　　　　　　　　　　　　　　　　　　　　　（　　）

二、单项选择题

1. 资金时间价值是指没有风险和通货膨胀条件下的(　　　)。
　　A. 企业的成本利润率　　　　　　　　B. 企业的销售利润率
　　C. 利润率　　　　　　　　　　　　　D. 社会平均资金利润率
2. 某公司年初购买债券 12 万元,利率 6%,单利计息,则第 4 年年底债券到期时的本利和是(　　)万元。
　　A. 2.88　　　　　　B. 15.12　　　　　　C. 14.88　　　　　　D. 3.12
3. 某人现在存入银行 1 500 元,利率 10%,复利计息,5 年年末的本利和为(　　)元。
　　A. 2 601　　　　　B. 2 434　　　　　　C. 2 416　　　　　　D. 2 808
4. 某企业在第 3 年年底需要偿还 20 万元债务,银行存款年利率为 8%,复利计息,该企业在第 1 年年初应存入(　　)万元。
　　A. 18　　　　　　B. 16.13　　　　　　C. 15.88　　　　　　D. 25.19

2

5. 某公司在 5 年内每年年初存入银行 10 000 元,年利率为 8%,5 年后该公司可获取的款项是(   )元。

    A. 58 667   B. 61 110   C. 63 359   D. 72 031

6. 某人在 5 年后有 5 000 元到期债务需要偿还,从现在开始每年年末存入银行一笔等额的资金,年利率 10%,此人每年应存入(   )元。

    A. 1 000   B. 979   C. 721   D. 819

7. 某企业拟存入银行一笔款项,以备在 5 年内每年以 2 000 元的等额款项支付车辆保险费,年利率为 6%,该企业应存入(   )元。

    A. 11 274   B. 8 425   C. 10 000   D. 9 040

8. 某商店准备把售价 25 000 元的电脑以分期付款方式出售,期限为 3 年,年利率为 6%,顾客每年应付的款项为(   )元。

    A. 9 353   B. 2 099   C. 7 852   D. 8 153

9. 某学校为设立一项科研基金,拟在银行存入一笔款项,为了以后可以无限期地在每年年末支取利息 3 万元,年利率为 6%,该学校应存入(   )万元。

    A. 75   B. 50   C. 18   D. 12

10. A 方案在 3 年中每年年初付款 1 000 元,B 方案在 3 年中每年年末付款 1 000 元,若年利率为 10%,则两个方案第 3 年年末时的终值相差(   )元。

    A. 321   B. 165.5   C. 156.5   D. 331

11. 有一项年金,前 3 年无流入,后 5 年每年年初流入 500 万元,假设年利率为 10%,其现值为(   )万元。

    A. 1 995   B. 1 566   C. 1 813   D. 1 424

12. 存本取息可视为(   )。

    A. 预付年金   B. 递延年金   C. 普通年金   D. 永续年金

13. 普通年金终值系数的倒数称为(   )。

    A. 复利终值系数   B. 偿债基金系数
    C. 普通年金现值系数   D. 回收系数

14. 永续年金是(   )的特殊形式。

    A. 普通年金   B. 先付年金   C. 预付年金   D. 递延年金

15. 某企业于年初存入 5 万元,在年利率为 12%,期限为 5 年,每半年复利一次的情况下,其实际利率为(   )。

    A. 24%   B. 12.36%   C. 6%   D. 12.25%

16. 一项 100 万元的借款,借款期限 5 年,年利率 10%,每半年复利一次,则实际利率比其名义利率高(   )。

    A. 5%   B. 0.4%   C. 0.25%   D. 0.35%

17. 6 年分期付款购物,每年年初付款 500 元,若银行年利率为 10%,该项分期付款相当于现在一次现金支付的价款是(   )元。

    A. 2 395   B. 1 895   C. 1 934   D. 2 177

三、多项选择题

1. 按每次收付发生的时点不同,年金主要有(   )。

    A. 普通年金   B. 预付年金   C. 递延年金   D. 永续年金

2

2. 递延年金的特点有(　　　　)。

　　A. 第一期没有支付额　　　　　　　B. 终值大小与递延期长短有关

　　C. 终值计算与普通年金相同　　　　D. 现值计算与普通年金相同

3. 属于在期末发生的年金形式有(　　　　)。

　　A. 预付年金　　　　B. 永续年金　　　　C. 普通年金　　　　D. 递延年金

4. 年金具有(　　　　)。

　　A. 等额性　　　　B. 系列性　　　　C. 连续性　　　　D. 固定性

5. 属于年金形式的有(　　　　)。

　　A. 养老金　　　　　　　　　　　　B. 零存整取

　　C. 保险费　　　　　　　　　　　　D. 等额本金还贷方式

四、业务题

1. 某企业借入一笔款项,年利率为 8%,前 10 年不用还本付息,从第 11 年至第 20 年每年年末归还本息 4 000 元。

要求:计算这笔款项的现值。

2. 有两个投资额相等的项目可供选择,投资获利的有效期均为 10 年。第一个项目 10 年内每年年末可回收 20 000 元,第二个项目前 5 年每年年末回收 25 000 元,后 5 年每年年末回收 15 000 元,若银行年利率为 10%。

要求:确定哪一个项目获利大?

3. 某公司需用一台计算机,购置价格为 25 000 元,预计使用 10 年。如果向租赁公司租用,每年年初需付租金 3 000 元,如果银行年利率为 8%。

要求:作购置还是租赁的决策。

4. 某公司有一笔 123 600 元的资金准备存入银行,希望在 7 年后利用这笔款项的本利和购买一套生产设备,当时的存款利率为复利 10%,该设备的预计价格为 240 000 元。

要求:确定这笔钱 7 年后能否购买设备。

5. 某企业有一个投资项目,预计在 2023 年至 2025 年每年年初投入资金 300 万元,从 2026 年至 2035 年的 10 年中,每年年末流入资金 100 万元。如果企业的贴现率为 8%。

要求:

(1) 计算在 2025 年年末各年流出资金的终值之和。

(2) 计算在 2026 年年初各年流入资金的现值之和。

(3) 判断该投资项目方案是否可行?

6. 某企业有一张带息票据,票面金额为 12 000 元,票面利率为 4%,出票日期 6 月 15 日,8 月 14 日到期(共 60 天)。由于企业急需资金,于 6 月 27 日到银行办理贴现,银行的贴现率为 6%,贴现期为 48 天。

要求:

(1) 计算该票据的到期值。

(2) 计算企业收到银行的贴现金额。

7. 某公司计划在 5 年后购买 Y 型生产设备 120 000 元,现存入银行 100 000 元,银行存款年利率为 5%,复利计息。

要求:确定 5 年后该公司能否用该笔存款购买 Y 型设备。

2

8. 某企业 8 年后进行技术改造,需要资金 200 万元,银行存款年利率为 4%。

要求:计算企业现在应存入银行的资金额。

9. 假定某人每年年末存入银行 2 000 元,共存 20 年,年利率为 5%。

要求:计算在第 20 年年末他可获得的金额。

10. 假定在第 9 题中是每年年初存入银行 2 000 元,其他条件不变。

要求:计算在第 20 年年末他可获得的金额。

11. 某人准备存入银行一笔钱,以便在以后的 10 年中每年年末得到 3 000 元,银行存款年利率 4%。

要求:计算此人目前应存入的总额。

12. 某企业计划购买大型设备,该设备如果一次性付款,则需在购买时支付 80 万元;若从购买时分 3 年付款,则每年需支付 30 万元。银行年利率 8%。

要求:确定哪种付款方式对企业更有利?

13. 某公司于年初向银行借款 20 万元,计划当年年末开始还款,每年还款一次,分 3 年偿还,银行借款年利率 6%。

要求:计算每年还款额为多少?

14. 如果一股优先股每年股利 1.5 元,投资者要求的报酬率为 12%。

要求:计算该优先股的价值应为多少?

15. 某企业向银行借款建造厂房,建设期 3 年,银行贷款年利率为 8%,从第 4 年投产起每年年末偿还本息 90 万元,偿还期 4 年。

要求:计算该企业借款额是多少?

16. 现有 A、B、C、D 四种方案,各方案现金流量,如表 2-5 所示。

表 2-5　　　　　　　　　　　各方案现金流量表　　　　　　　　　　　单位:万元

现金流量	第 1 年年末	第 2 年年末	第 3 年年末	第 4 年年末	第 5 年年末
A	1 000	2 000	2 000	3 000	3 000
B	4 000	3 000	3 000	3 000	3 000
C	2 000	1 000	4 000	3 000	2 000
D	1 000	1 000	5 000	5 000	4 000

要求:

(1) 计算各方案现金流量在第 5 年年末的终值,年利率为 5%。

(2) 计算各方案现金流量在贴现率为 8% 时的现值。

17. 假如从你出生起,父母就计划在你的每一个生日均为你存款 2 000 元,作为你的大学教育费用。该项存款年利率一直为 6%。在你考上大学(假设正好是你 20 岁生日)时,你去银行打算取出全部存款,结果发现在你 4 岁和 12 岁生日时没有存入。

要求:❶计算你一共可以取出多少钱? ❷假如该项存款没有间断,你可以取出多少钱?

18. 某企业现有一项不动产购入价为 10 万元,8 年后售出可获得 20 万元。

要求:计算该项不动产的收益。

19. 某人贷款购买住宅,利率为 6%,第一期还款发生在距贷款日 8 个月后。

要求:计算还款额为每年 4 000 元的 5 年期的现值。

五、思考题

1. 资金时间价值的实质是什么，它有几种形式？

2. 什么是年金，它有什么特点和种类？生活中有哪些收付属于年金的形式？

3. 名义利率与实际利率有何关系？

任务二　投资风险价值认知与计量

2

一、判断题

1. 由于标准离差可以反映风险大小，所以，当两个项目标准离差相同时，两者风险程度也相同。　　　　　　　　　　　　　　　　　　　　　　　　　　　　　　（　　）

2. 投资者愿意冒险进行投资是因为可获得等同于货币时间价值的报酬率。　（　　）

3. 标准离差大的项目，其风险不一定大；但若离散系数大，则风险一定大。（　　）

4. 市场风险涉及所有投资对象，不能通过多样化投资来分散，又称不可分散风险。（　　）

5. 企业特有风险是指由发生于个别公司的特有事件造成的风险，又称非系统风险。　　　　　　　　　　　　　　　　　　　　　　　　　　　　　　　　　　　（　　）

6. 风险小的企业经济效益就好。　　　　　　　　　　　　　　　　　　　（　　）

7. 根据风险与收益对等的原理，高风险的投资项目可能获得的收益更高。（　　）

8. 经营风险与财务风险互不相关。　　　　　　　　　　　　　　　　　　（　　）

二、单项选择题

1. 投资者必须承担、并可获得相应回报的风险是（　　　）。

　　A. 市场风险　　　　　　B. 特殊风险　　　　　　C. 经营风险　　　　　　D. 财务风险

2. 证券组合的作用主要是（　　　）。

　　A. 降低市场风险　　　　　　　　　　　　B. 分散特有风险

　　C. 提高无风险报酬率　　　　　　　　　　D. 提高风险报酬率

3. 甲、乙两方案的预计投资报酬率均为25%，甲方案标准离差小于乙方案标准离差，则下列说法中，正确的是（　　　）。

　　A. 甲的风险大于乙　　　　　　　　　　　B. 甲的风险小于乙

　　C. 甲、乙的风险相同　　　　　　　　　　D. 甲、乙的风险不能比较

4. 下列关于标准离差的说法中，正确的是（　　　）。

　　A. 资产的整体风险不能用标准差来衡量

　　B. 标准离差是相对数，可用于不同规模的项目的风险比较

　　C. 若选择投资方案，应以标准离差为评价指标，标准离差小的方案为最优

　　D. 对比期望报酬率相同的各个投资方案的风险程度，可用标准离差

5. 已知甲、乙两投资项目的期望值分别为10%和15%，标准离差分别为20%和25%，则下列说法中，正确的是（　　　）。

　　A. 甲项目风险大于乙　　　　　　　　　　B. 甲项目风险小于乙

　　C. 甲项目风险等于乙　　　　　　　　　　D. 不确定

6. 如果不考虑通货膨胀，投资者进行风险投资所期望的投资报酬率是（　　　）。

　　A. 资金时间价值　　　　　　　　　　　　B. 风险报酬率

　　C. 资金时间价值与风险报酬率之和　　　　D. 资金时间价值与风险报酬率之差

2

7. 下列因素中，与企业经营风险无关的是（   ）。

  A. 销售决策失误　　　　　　　　B. 产品质量差

  C. 筹资成本过高　　　　　　　　D. 原材料价格变动

8. 投资者甘愿冒着风险进行投资的诱因是（   ）。

  A. 可获得报酬　　　　　　　　　B. 可获得利润

  C. 可获得等同于时间价值的报酬率　　D. 可获得风险报酬率

三、多项选择题

1. 下列对于风险的认识中，正确的有（   ）。

  A. 可理解为不确定性　　　　　　B. 损失的概率大于收益的概率

  C. 只能估计而不能事先确定　　　D. 风险可能会带来超出预期的收益

2. 下列会带来经营风险的情形有（   ）。

  A. 原材料供应变化　　　　　　　B. 生产组织和管理不当

  C. 市场条件变化　　　　　　　　D. 销售决策失误

3. 在不考虑通货膨胀的情况下，投资报酬率的构成要素包括（   ）。

  A. 实际收益率　　　　　　　　　B. 资金时间价值

  C. 投资成本率　　　　　　　　　D. 风险报酬率

4. 下列关于风险的说法中，正确的有（   ）。

  A. 理论上，风险和不确定性是一回事

  B. 投资项目的风险大小是一种客观存在

  C. 风险是在一定条件下，一定时期内可能发生的各种结果的变动程度

  D. 某一随机事件只有一种结果，则无风险

5. 企业因从外部借入资金产生的风险叫作（   ）。

  A. 经营风险　　　　　　　　　　B. 商业风险

  C. 财务风险　　　　　　　　　　D. 筹资风险

6. 当两个项目期望投资报酬率相同时（   ）。

  A. 方差大的项目风险大　　　　　B. 标准离差大的项目风险大

  C. 方差大的项目风险小　　　　　D. 标准离差大的项目风险小

7. 下列属于可分散风险的有（   ）。

  A. 国家税法变动引起的风险　　　B. 公司劳务关系紧张引起的风险

  C. 银行提高利率引起的风险　　　D. 公司在市场竞争中失败引起的风险

8. 市场风险产生的原因有（   ）。

  A. 经济衰退　　　　　　　　　　B. 战争

  C. 通货膨胀　　　　　　　　　　D. 工人罢工

四、业务题

1. 某工厂准备以 500 万元投资筹建分厂，根据市场预测，预计每年可获得的收益及其概率的资料如表 2-6 所示。

表 2-6 　　　　　　　拟建分厂预期收益及其概率分布表 　　　　　　　　　单位:万元

市场情况	预计每年收益	概率
繁荣	120	20％
一般	100	50％
较差	60	30％

要求:

(1) 计算该项投资的收益期望值。

(2) 计算该项投资的标准离差。

(3) 计算该项投资的标准离差率。

(4) 若无风险报酬率为 8％,风险报酬系数为 20％,计算该项目的风险报酬率和投资报酬率。

2. 某企业有甲、乙两个投资项目,计划投资额均为 1 000 万元,其收益率的概率分布如表 2-7 所示。

表 2-7 　　　　　　　甲、乙两个投资项目收益率的概率分布表

市场状况	概率	甲项目收益率	乙项目收益率
好	20％	20％	30％
一般	60％	10％	10％
差	20％	5％	−10％

要求:

(1) 分别计算甲乙两个项目收益率的期望值。

(2) 分别计算甲乙两个项目收益率的标准离差和标准离差率。

(3) 比较甲乙两个投资项目风险的大小。

(4) 如果无风险收益率为 5％,甲项目的风险报酬系数为 10％,计算甲项目投资的风险收益率。

五、思考题

1. 怎样理解财务风险与经营风险的关系。

2. 投资决策中风险与收益有怎样的关系。

项 目 实 训

项目实训二　资金时间价值应用模拟实训——在住房按揭贷款中的应用

一、实训目的

资金时间价值是财务管理的基础价值观念,在实际财务管理工作中有着广泛的应用,通过本项目实训,可以深刻理解资金时间价值的含义,熟练运用资金时间价值的原理和计算方法,分析和解决实际问题。

二、实训任务

了解住房按揭贷款常见还款方式(等额本息和等额本金)的每期还款额、本金与利息的计算方法,分析比较不同还款方式的特点。

三、实训准备

(1) 必备知识:掌握资金时间价值的原理及相关计算公式。

(2) 相关知识:了解住房按揭贷款的相关知识,如按揭贷款中的相关关系人、按揭担保、按揭贷款利率、按揭贷款还款方式和按揭贷款合同条款,以及国家关于住房贷款的相关政策法规等。

(3) 工具准备:按揭贷款计算器软件,贷款计算系数表等(可以从互联网上下载)。

四、实训材料

1. 案例资料

小张大学毕业已经 6 年,现在上海一家外企工作,月薪 18 000 元,女友是其大学同学,现在上海一家中学做老师,月薪 12 000 元。两人情投意合,计划今年结婚。两人商量在市区外环远郊地铁附近购买一套 80 平方米的 2 居室,按照目前市价需要 300 万元左右。假定小张符合首次购房条件,两人根据目前的经济状况,打算向银行申请商业贷款 150 万元,期限 30 年。

2. 贷款利率

假设按照现行的银行按揭贷款利率计算。银行目前对于购买首套自住房按基准利率4.9%的1.1 倍(5.39%)提供商业贷款,最低首付比例为不低于房价的 25%。假设当年银行贷款基准利率如表 2-8 所示。

表 2-8　　　　　　　　　　　　　银行贷款基准利率表

商业贷款时期	年利率/%
6 个月	4.35
1 年	4.35
1 至 3 年	4.75
3 至 5 年	4.75
5 年以上	4.9

五、实训步骤

(1) 按照房贷利率的政策要求,确定小张的贷款月利率。

(2) 分别列出等额本息和等额本金两种还款方式的每月还款额的计算公式。

(3) 利用贷款系数表或贷款计算器计算两种还款方式的还款总额和每月还款额,并分别计算第一年每月还款额中的本金和利息。

六、讨论交流

通过以上的计算,请思考以下问题:

(1) 两种还款方式下,住房按揭贷款的本金和利息计算有何不同? 导致最终还款总额差异的原因是什么？

（2）你认为对于申请按揭贷款者来说，两种还款方式各自有何优缺点？根据小张的实际情况，你认为适合的还款方式是哪种？

项目实训三　风险报酬计量模拟实训——金华公司风险收益的计量

一、实训目的

通过本项目实训，可以理解风险与报酬的关系，了解新产品开发项目前期市场预测与风险分析的重要意义，掌握风险报酬的计量方法。

二、实训准备

（1）必备知识：风险与报酬计量的基本原理与计算公式。

（2）相关知识：风险投资项目前期市场调研与预测的一般流程与方法，风险系数确定的一般方法。

三、实训材料

金华公司在 2024 年陷入了经营困境，其生产的果汁饮料，由于市场竞争激烈、消费者喜好发生变化等原因而开始滞销。为开拓市场，金华公司准备在 2025 年开发以下两种新的产品：

1. 开发洁清纯净水

假设，面对全国范围内的节水运动及限制供应，尤其是北方十年九旱的特殊环境，开发部认为洁清纯净水将进入百姓的日常生活，市场前景看好，有关市场预测资料如表 2-9 所示。

表 2-9　　　　　金华公司开发洁清纯净水预计年利润概率表　　　　金额单位：万元

市场销路	概率	预计年利润
好	60%	150
一般	20%	60
差	20%	−10

经过专家测定，该项目的风险系数为 0.5。

2. 开发消渴啤酒

人们收入近年来明显增多，生活水平日益提高，亲朋好友聚会的机会日益增多。开发部据此提出开发消渴啤酒方案，有关市场预测资料如表 2-10 所示。

表 2-10　　　　　金华公司开发消渴啤酒预计年利润概率表　　　　金额单位：万元

市场销路	概率	预计年利润
好	50%	180
一般	20%	85
差	30%	−25

经过专家测定该项目的风险系数为 0.7。假定目前国债利率为 5％，公司必要报酬率为 10％，公司经理为稳健型投资者。

四、实训步骤

(1) 分别计算两种产品的预计期望年利润。

(2) 分别计算两种产品的标准差和标准离差率。

(3) 分别计算两种产品的风险报酬率和预期投资报酬率。

五、讨论交流

通过以上计算分析，回答以下问题：

(1) 分析判断两种产品的投资可行性。

(2) 如果你是公司经理，你如何进行方案的选择？

项目三 财务预测

学 习 指 导

一、知识结构图

本项目"财务预测"的主要知识结构如图 3-1 所示。

图 3-1 "财务预测"知识结构图

二、重点难点解析

财务预测是指财务工作者根据企业过去一段时期财务活动的资料,考虑企业现在面临和即将面临的各种变化因素,运用数理统计方法,结合主观判断,预测企业未来财务状况。财务预测既是正确进行财务决策和经营决策的依据和前提,也是合理编制财务预算的基础,还是提高企业管理水平的重要手段。财务预测应该遵循一定的原则和程序。

(一) 常用财务预测方法

1. 定性预测法

定性预测法的种类及特点如表 3-1 所示。

表 3-1　　　　　　　　　　　　　　　　定性预测法的种类及特点表

种　类	特　　　点
德尔菲法	特点:具有保密性、反馈性,便于集中判断
意见汇集法	优点:集思广益、运用灵活 缺点:易受个人主观判断的影响、缺乏数字说明
专家小组法	优点:由专家组集体讨论和研究,相互启发、印证和补充,分析问题全面深入、避免片面性 缺点:参加讨论的人数有限,因而代表性较差,观点特别容易为权威人士或争强好胜者所左右

2. 定量预测法

定量预测法种类及计算公式汇总如表 3-2 所示。

表 3-2　　　　　　　　　　　　　　　　定量预测法种类及计算公式汇总表

种　类		公　　式
趋势外推法	❶ 简单平均法	预测对象预测值=预测对象以往若干期历史数据之和÷期数
	❷ 移动平均法	
	A. 简单移动平均法	预测对象预测值=所选期数内该指标历史数据之和÷所选历史数据的期数
	B. 加权移动平均法	预测对象预测值=$\sum$各期实际值×该期权重÷$\sum$各期权重
	❸ 指数平滑法	下期预测值=平滑指数×上期实际值+(1-平滑指数)×上期预测值
因果关系法	销售百分比法	外部融资需求 =资产增加-负债增加-留存收益增加 =(资产销售百分比×新增销售额)-(负债销售百分比×新增销售额)-[计划销售净利率×销售额×(1-股利支付率)]
	本量利分析法	(1) 目标利润预测 　❶ 损益方程式法: 　　目标利润=产品销售量×(单位售价-单位变动成本)-固定成本总额 　❷ 边际贡献法: 　　目标利润=边际贡献-固定成本 　　或　　=边际贡献率×销售收入-固定成本 　❸ 安全边际(或安全边际率)法: 　　目标利润=单位边际贡献×安全边际销售量 　　或　　=边际贡献率×安全边际额 (2) 盈亏临界点预测 　盈亏临界点销量=固定成本÷(单价-单位变动成本) 　盈亏临界点销售额=固定成本÷边际贡献率
统计规律法	回归直线法	预测模型:$y=a+bx$,参数 a,b; $$a=\frac{\sum Y-b\sum X}{n}\quad b=\frac{n\sum XY-\sum X\sum Y}{n\sum X^2-(\sum X)^2}$$

（二）资金需要量预测

资金需要量预测主要包括销售百分比法和回归直线法。

1. 销售百分比法

销售百分比法是指根据销售额与选定的资产负债表敏感项目和利润表项目之间的固定关系进行预测的方法。这种方法基于两个基本前提：首先假设资产、负债中有些项目与销售收入存在稳定的百分比关系；其次假设未来的销售预测已经完成。销售百分比法最关键的环节是确定敏感性项目。具体的计算方法有两种：一种是先根据销售总额预计资产、负债和所有者权益的总额，然后确定融资需求；另一种是根据销售的增加额预计资产、负债和所有者权益的增加额，然后确定融资需求。

2. 回归直线法

回归直线法是指假定资金需要量与销售额存在线性关系，根据历史资料，用最小二乘法确定回归直线方程的参数，利用直线方程预测资金需要量的一种方法。回归直线法，首先按照习性将资金划分为不变资金、变动资金和半变动资金；在资金划分为变动资金、不变资金后，销售量与资金需求之间的关系可用线性方程表示为：$y = a + bx$；利用历史资料用回归直线方程公式，求出式中 a 和 b 的值，然后根据预计的销售量预测资金需求量。

（三）利润预测

利润预测是指根据影响企业利润变动的各个因素，对企业在预测期所达到的利润水平进行的预计和测算。利润预测方法较多，本量利分析法就是根据"成本—业务量—利润"之间的依存关系，根据产品的预计销售数量、价格和成本资料，确定未来一定时期利润额的一种方法。

1. 目标利润预测

运用本量利分析法预测利润，可以有以下具体方法：损益方程式法、边际贡献法和安全边际（或安全边际率）法，具体公式如表 3-2 所示。

2. 盈亏临界点预测与分析

盈亏临界点，也称保本点、损益平衡点，是指当产品的销售业务达到某一水平时，其总收入等于总成本，边际贡献正好抵偿全部固定成本，利润为零，企业处于不盈利也不亏损的状态。盈亏临界点销售量和销售额的计算公式如表 3-2 所示。企业盈亏临界点的状态还可以通过盈亏临界图的形式进行分析。借助盈亏临界点，可以计算安全边际和安全边际率等来反映企业经营的安全状况。

知识小结：
项目三

3. 因素变动分析

因素变动分析，是指本量利因素发生变动时相互影响的定量分析。影响利润的因素主要有单价、销量、单位变动成本和固定成本，在多种产品生产条件下，产品品种结构的变动也会影响企业利润的实现。通过分析各因素的敏感系数，可以了解每个因素变动对利润的影响程度，进而采取相应措施确保目标利润的实现。

习　题

任务一　财务预测方法认知

一、判断题

1. 财务预测作为财务管理的核心，对企业的生产经营有着重要作用。　　　　（　　）

2. 对财务预测方法的选择，考虑实际情况可以选择一种方法或几种方法结合。（　　）

3. 财务预测是财务决策和经营决策的基础。 （　　）

4. 现场观察是定量预测方法。 （　　）

二、单项选择题

1. 下列各项预测中,可以作为其他各项预测前提的是（　　）。

    A. 成本预测　　　　　B. 资金预测　　　　　C. 利润预测　　　　　D. 销售预测

2. 平滑指数取值越小,则近期实际数对预测结果的影响（　　）。

    A. 越大　　　　　　　B. 不大　　　　　　　C. 越小　　　　　　　D. 不明显

3. 下列各项预测中,属于定量预测方法的是（　　）。

    A. 专家会议法　　　　B. 现场观察法　　　　C. 统计规律法　　　　D. 座谈会法

三、多项选择题

1. 财务预测的意见汇集法具有的优点有（　　）。

    A. 集思广益　　　　　　　　　　　　B. 耗时耗费较少

    C. 运用灵活　　　　　　　　　　　　D. 预测结果易受个人主观判断影响

2. 德尔菲法具有的特点有（　　）。

    A. 保密性　　　　　　B. 反馈性　　　　　　C. 集中判断　　　　　D. 迅速性

3. 下列方法中,属于预测分析一般方法的有（　　）。

    A. 总额法　　　　　　　　　　　　　B. 定量分析法

    C. 贡献边际总额分析法　　　　　　　D. 定性分析法

4. 财务预测作为企业财务活动的主要组成部分,对企业的生产经营的作用有（　　）。

    A. 是财务决策和经营决策的基础　　　B. 是财务管理的核心

    C. 是提高企业管理水平的重要手段　　D. 是财务预算的基础

5. 财务预测的基本内容包括（　　）。

    A. 投资预测　　　　　　　　　　　　B. 销售收入预测

    C. 成本预测　　　　　　　　　　　　D. 利润预测和筹资预测

四、业务题

1. 南方公司最近 5 年的销售收入分别为 1 000 万元、1 200 万元、1 300 万元、1 500 万元和 1 800 万元。

    要求:根据上述资料,采用加权移动平均法(假定采用三期,权重为 1、3、5)预测下一个年度南方公司的销售收入。

2. 南海公司采用指数平滑法预测公司的销售收入,根据经验确定的平滑指数为 0.7,公司上年度预测的销售收入为 1 000 万元,实际的销售收入为 1 200 万元。

    要求:预测该公司在正常情况下下一个年度的销售收入。

五、思考题

1. 什么是财务预测? 有哪些常用方法可以用来进行财务预测?

2. 财务预测的一般程序是什么?

任务二　资金需要量预测

一、判断题

1. 企业在融资之前，必须要了解企业经营所需的资金总量。　　　　　（　　）

2. 资产、负债与销售收入存在稳定的百分比关系是销售百分比法预测外部融资的充分必要假设。　　　　　（　　）

3. 资金习性，是指资金的变动与资金需要量变动之间的依存关系。　　　　　（　　）

4. 维持营业而占用的最低数额的现金、原材料的保险储备属于不变资金。　　　　　（　　）

二、单项选择题

1. 某企业外部融资占销售增长的百分比为 5％，若上年销售收入为 1 000 万元，预计销售收入增加 200 万元，则相应外部应追加的资金为（　　）万元。

A. 50　　　　　　　　B. 10　　　　　　　　C. 40　　　　　　　　D. 30

2. 企业的外部融资需求额的正确估计为（　　）。

A. 资产增加－预计总负债－预计股东权益

B. 资产增加－负债自然增加－留存收益的增加

C. 预计总资产－负债自然增加－留存收益的增加

D. 预计总资产－负债自然增加－预计股东权益增加

3. 下列各项中，属于变动资金的是（　　）。

A. 原材料的保险储备　　　　　　B. 最低储备以外的存货

C. 机器设备　　　　　　　　　　D. 辅助材料占用资金

4. 采用回归直线法预测资金需要量，必须把企业全部资金区分为不变资金和（　　）。

A. 成品资金　　　　　　　　　　B. 生产资金

C. 材料资金　　　　　　　　　　D. 变动资金

三、多项选择题

1. 按照资金与产销量之间的关系，可以把资金区分为（　　）。

A. 不变资金　　　　　　　　　　B. 变动资金

C. 混合资金　　　　　　　　　　D. 半变动资金

2. 影响销售百分比法预计外部融资的因素有（　　）。

A. 敏感性资产　　　　　　　　　B. 敏感性负债

C. 股利支付率　　　　　　　　　D. 预测的销售量

3. 下列企业所占用的资金中，属于半变动资金的有（　　）。

A. 货币资金　　　　　　　　　　B. 存货

C. 短期借款　　　　　　　　　　D. 应收账款

四、业务题

1. 假设东方公司 2024 年实际销售收入为 40 000 万元，销售净利润率为 12％，净利润的 60％分配给投资者。2024 年 12 月 31 日的简要资产负债表如表 3-3 所示。

表 3-3　　　　　　　　东方公司 2024 年 12 月 31 日简要资产负债表　　　　单位:万元

资　　产	期末余额	负债和所有者权益	期末余额
流动资产	15 000	应付账款	3 000
固定资产	5 000	长期借款	10 000
		实收资本	5 000
		留存收益	2 000
资产总计	20 000	负债和所有者权益总计	20 000

　　东方公司 2024 年年末,组织企业的销售部人员对 2025 年公司收入进行了预测,预计 2025 年销售收入为 50 000 万元。为实现这一目标,根据生产部门对生产能力的估算,公司需要按比例相应增加固定资产。假定公司销售净利润率及股利支付率保持不变。

　　要求:运用销售百分比法预计 2025 年该公司的外部融资需求额。

　　2.某企业销售额和资金变化情况如表 3-4 所示。2025 年预计销售额为 90 万元。

　　要求:计算 2025 年该企业的资金需要量。

表 3-4　　　　　　某企业 2020 年至 2024 年的销售额和总资金占用表　　　　单位:万元

年　　度	销售额(X)	总资金占用(Y)
2020	60	420
2021	65	460
2022	70	480
2023	55	410
2024	75	490

　　3.某公司 2024 年 12 月 31 日的资产负债表简表如表 3-5 所示。

表 3-5　　　　　　　某公司 2024 年 12 月 31 日资产负债表简表　　　　单位:万元

资　　产	期末数	负债和所有者权益	期末数
货币资金	500	应付账款	500
应收账款	1 500	应付票据	1 000
存　　货	3 000	短期借款	2 500
固定资产	3 000	长期借款	1 000
		实收资本	2 000
		留存收益	1 000
资产总计	8 000	负债和所有者权益总计	8 000

　　该公司 2024 年的销售收入为 10 000 万元,现在还有剩余生产能力,增加收入不需要增加固定资产投资。假定销售净利率为 10%,净利润的 60% 分配给投资者,预测 2025 年的销售收入将提高 20%。

　　要求:

　　(1)预测 2025 年该公司需要增加的资金量。

　　(2)预测 2025 年该公司需要向外筹集的资金量。

五、思考题

如何用销售百分比法进行资金需要量预测？

任务三　利润预测

一、判断题

1. 企业在制定目标利润时,不应考虑纳税因素。　　　　　　　　　　　　　　（　　）

2. 就单一产品企业来说,若单价和单位变动成本同方向同比例变动,则盈亏临界点销售量不变。　　　　　　　　　　　　　　　　　　　　　　　　　　　　　　　　（　　）

3. 由于变动成本包括产品变动成本和销售、管理费用中的变动成本,因此产品边际贡献等于销售收入减去变动成本后的差额。　　　　　　　　　　　　　　　　　　　（　　）

4. 因为安全边际是正常销售额超过盈亏临界点销售额的差额,并表明销售额下降多少企业仍不至亏损,所以安全边际部分的销售额也就是企业的利润。　　　　　　　　（　　）

5. 在其他条件不变的情况下,若使利润上升30%,单位变动成本需下降12%;若使利润上升35%,销售量需上升15%,那么,销售量对利润的影响比单位变动成本对利润的影响更为敏感。　　　　　　　　　　　　　　　　　　　　　　　　　　　　　　　　（　　）

6. 安全边际是指实际和预计业务量超过盈亏临界点业务量的差额。　　　　　（　　）

7. 在影响利润变动的各因素中,最敏感的是销售数量。　　　　　　　　　　　（　　）

二、单项选择题

1. 在销售量不变的情况下,保本点越高,能实现的利润(　　　　)。
   A. 越多　　　　　　　　B. 越少　　　　　　　　C. 不变　　　　　　　　D. 越不确定

2. 企业的销售利润率等于(　　　　)。
   A. 边际贡献率与安全边际率之乘积　　　B. 边际贡献率与安全边际率之差
   C. 边际贡献率与安全边际率之商　　　　D. 边际贡献率与安全边际率之和

3. 根据本量利分析原理,只能提高安全边际而不会降低盈亏临界点的措施是(　　　　)。
   A. 提高单价　　　　　　　　　　　　　B. 增加产销量
   C. 降低单位变动成本　　　　　　　　　D. 压缩固定成本

4. 某产品单位变动成本5元,单价8元,固定成本2 000元,销量600件,欲实现利润400元,在其他因素不变的前提下,可采取降低单位变动成本(　　　　)元的方法。
   A. 5　　　　　　　　B. 1　　　　　　　　C. 2　　　　　　　　D. 3

5. 某企业生产甲、乙、丙三种产品,已知三种产品的单价分别为10元、8元和6元,单位变动成本分别为8元、5元和4元,销售量分别为200件、500辆和550吨。固定成本总额为1 000元,则加权平均边际贡献率为(　　　　)。
   A. 32.86%　　　　　B. 36.28%　　　　　C. 28.26%　　　　　D. 30.18%

6. 在其他因素不变的情况下,产品单价上升会带来的结果是(　　　　)。
   A. 安全边际率上升　　　　　　　　　　B. 变动成本率上升
   C. 安全边际下降　　　　　　　　　　　D. 单位边际贡献上升

三、多项选择题

1. 边际贡献的计算公式有(　　　　　　)。

A. 销售收入－变动成本

B. 销售收入－变动成本－酌量性固定成本

C. (销售单价－单位变动成本)×产销数量

D. 单位边际贡献×产销数量

2. 在其他因素不变的情况下,产品单价上升会带来的结果有(　　　　)。

A. 单位边际贡献上升　　　　　B. 变动成本率下降

C. 安全边际率下降　　　　　　D. 安全边际率上升

3. 下列关于利润计算公式中,正确的有(　　　　)。

A. 利润＝边际贡献总额－固定成本

B. 利润＝安全边际额×边际贡献率

C. 利润＝安全边际量×单位边际贡献

D. 利润＝(正常销售额－盈亏临界点销售额)×边际贡献率

4. 企业利润总额,包括(　　　　)。

A. 营业外收支净额　　　　　　B. 其他业务利润

C. 营业利润　　　　　　　　　D. 投资净收益

四、业务题

1. 某企业只生产销售一种产品,单价 60 元,边际贡献率 40%,每年固定成本 400 万元,预计计划期产销量 30 万件。

要求:计算价格对利润影响的敏感系数。

2. 某企业拟投产甲产品,预计其单位变动成本为 30 元,固定成本总额为 49 500 元。如果要求该产品的边际贡献率达到 60%,安全边际率达到 45%。

要求:

(1) 计算该产品的售价。

(2) 计算该产品的保本量和保本额。

(3) 预计该产品的利润。

3. 某企业计划期销售 A、B、C 三种产品,其固定成本为 16 000 元,其他资料如表 3-6 所示。

表 3-6　　　　　　　　　某企业产品单价、单位变动成本及销量资料表

产品名称	单价/元	单位变动成本/元	销售结构(比重)	销售量/件
A 产品	20	10	20%	2 000
B 产品	40	30	30%	3 000
C 产品	50	40	50%	2 000

要求:计算其加权平均边际利润率以及目标利润。

五、思考题

1. 如何通过本量利分析,预计目标利润?

2. 实现目标利润应采取的措施主要有哪些?

项 目 实 训

项目实训四　资金需要量预测模拟实训

一、实训目的

运用销售百分比法预测华光公司 2025 年资金需要量。

二、实训材料

华光公司是一家生产机器设备的国有企业,2024 年完成销售收入 746 万元,实现净利 74.6 万元,向投资者分配利润 22.38 万元。2024 年 12 月 31 日资产负债表如表 3-7 所示。

表 3-7　　　　　　　　　　资产负债表

编制单位:华光公司　　　　　　　　　2024 年 12 月 31 日　　　　　　　　　单位:万元

资　　产	年末数	负债和所有者权益	年末数
货币资金	75	短期借款	105
交易性金融资产	18	应付票据	9
应收票据	19	应付账款	209
应收账款	597	预收款项	14
预付款项	10	应付职工薪酬	37
其他应收款	50	应交税费	9
存货	445	其他应付款	79
一年内到期的非流动资产	96	一年内到期的非流动负债	50
		其他流动负债	8
流动资产合计	1 310	流动负债合计	520
长期股权投资	75	长期借款	695
固定资产	2 187	应付债券	500
在建工程	35	长期应付款	110
无形资产	14	其他非流动负债	35
长期待摊费用	20	非流动负债合计	1 340
其他非流动资产	39	负债合计	1 860
非流动资产合计	2 370	所有者权益:	
		实收资本(股本)	200
		资本公积	26
		盈余公积	114
		未分配利润	1 480
		所有者权益合计	1 820
资产总计	3 680	负债和所有者权益总计	3 680

3

年初,公司拟进行 2025 年财务预算,于是公司领导组织各生产部门主管、供销部门主管、财务主管等召开了 2025 年生产、销售、资金计划会。会上,大家根据所掌握的情况,并结合本公司实际分别做了发言。

销售部门主管认为,企业产品市场需求较好,本年度可适当增加产品生产量,如果企业生产能力允许的话,可比上年增长 20%,销售价格不会有什么变化。

生产部门主管讲,车间现在还有剩余生产能力,如果产品能够占领市场,销售有保证,企业现有的生产能力完成比上年增长 20% 的生产任务没有问题,即增加产销量不需要进行固定资产方面的投资。

财务部主管分析了上年资金使用情况,认为 2024 年年末其他应收款占用较多,2024 年其他应收款占营业收入比例应在 2024 年年末的基础上下降 2%。其他方面资金使用没有什么问题。

会议结束后,经理责成财务部主管根据各部门提出的有关数据资料或建议,预测 2025 年需要从外界融通多少资金,以便公司作进一步筹资安排。

会后,财务部立即着手进行资金需要量的预测。根据历史资料考察,公司流动资产、应付款项都随销售收入的变化成正比关系;而非流动资产项目、短期借款、应付票据、非流动负债和股东权益项目则与销售无关;2025 年如能较好地压缩费用支出,预计销售净利率将比上年增长 10%,股利支付率与上年相同,留存收益增加,可以满足企业部分融资需求。于是,财务部根据销售百分比法编制出公司 2025 年的融资需求表。

三、实训要求

(1)掌握融资需求的预测方法。

(2)请完成华光公司 2025 年对外融资需求量预测表,如表 3-8 所示。

表 3-8　华光公司 2025 年的融资需求量预测表　　　　　单位:万元

项　　目	上年期末实际	上年占销售百分比/% (销售额 746 万元)	本年计划数 (销售额 895.2 万元)
资产:			
货币资金	75		
应收账款	597		
其他应收款	50		
存货	445		
其他流动资产合计	143		
非流动资产合计	2 370	N	2 370
资产总计	3 680		
负债和所有者权益:			
短期借款	105	N	105
应付票据	9	N	9
应付款项	356	47.72	

续　表

项　目	上年期末实际	上年占销售百分比/% （销售额 746 万元）	本年计划数 （销售额 895.2 万元）
非流动负债合计	1 340	N	1 390
负债合计	1 860		
实收资本（股本）	200	N	200
资本公积	26	N	26
留存收益	1 594		1 662.92
所有者权益合计	1 820		
融资需求			
总计	3 680		

3

项目实训五　财务预测模拟实训

一、实训目的

通过本项目实训，可以掌握财务预测的基本内容、程序和方法，能够运用所学的财务预测的知识、市场调查和预测的相关知识与方法，对一个投资项目的可行性进行分析，并提出分析论证报告。

二、实训任务

在教师的指导下，以小组的形式，对拟定投资项目，运用所学的财务预测的程序与方法，完成一份项目投资的财务可行性分析报告。

（提示：可以选择学生科创作品或技术专利作为投资项目，也可以是投资经营某个项目如开设网上商店或投资某项服务等）

三、实训准备

（1）知识准备：财务预测的内容、程序和方法；社会调查的程序和方法；可行性分析的方法和步骤等；

（2）组织准备：任课教师提前布置实训任务，进行分组，并确立小组长，由小组长在老师指导下进行组员分工；

（3）实训指导：教师可通过案例教学的方法，介绍实际项目投资的可行性分析案例，以此指导学生实训的操作过程和方法。

四、实训材料

在教师指导下，根据小组拟定的投资项目，由学生自己独立或有组织地收集投资项目的相关资料。

五、实训步骤

（1）制定投资项目可行性分析计划书。每个小组在老师的指导下，提出本组拟定的投资项目，并制定项目可行性分析计划书，交老师审核；投资项目计划书的内容包括：投资目的或投资动机或投资的起因，项目可行性分析拟采取的方法和步骤等。

（2）按照审核过的项目可行性分析计划，分步完成投资项目可行性分析。

第一步：收集资料。可以通过互联网，也可以通过市场调查获取一手资料。

第二步：投资项目的市场可行性分析，如项目前景、目标市场、开发市场的举措等。

第三步：投资项目的政策分析，如分析政策优惠、税收优惠等。

第四步：财务分析。运用财务预测的方法计算预计投资额、各年现金流量、成本、利润、投资评价指标等。

（3）小组交流讨论。

（4）完成投资项目可行性分析报告。

（5）班级交流。

（6）教师点评并总结。

六、实训考核

项目实训后，指导教师应该对各个小组提交的分析报告和实训过程的表现进行考核和评价。具体可以从以下方面给予评价：

（1）实训组织和每个同学参与情况。

（2）项目可行性分析计划书。

（3）可行性分析过程表现。

（4）小组和班级交流情况。

（5）项目可行性分析报告质量。

（6）实训过程表现的分析问题、解决问题的能力，以及创新思维和能力。

项目四 投 资 决 策

学 习 指 导

一、知识结构图

本项目"投资决策"的主要知识结构如图 4-1 所示。

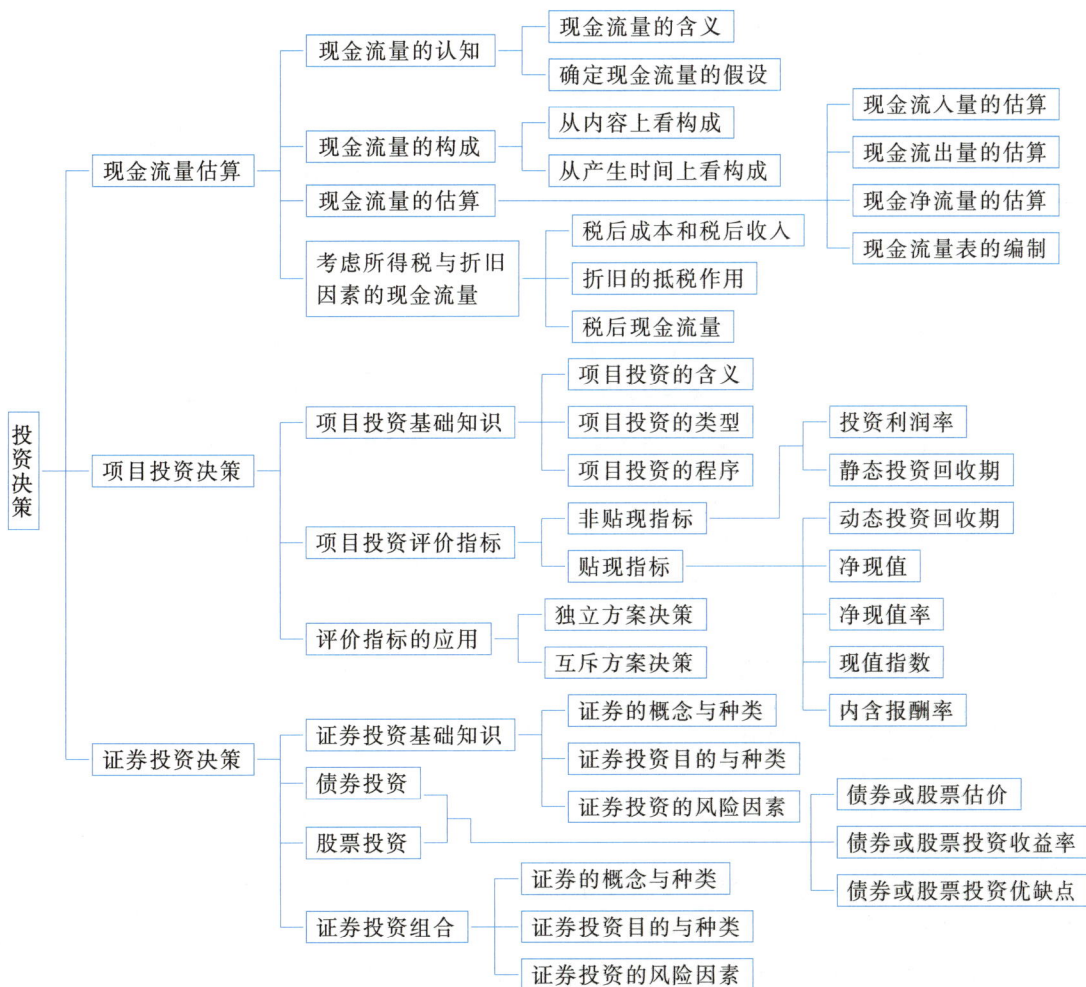

图 4-1 "投资决策"知识结构图

二、重点难点解析

(一) 投资项目现金流量的构成与估算

现金流量是指投资项目在其计算期内因资本循环而可能发生或应该发生的各项现金流入量和现金流出量的统称,它是计算项目投资决策评价指标的重要依据和重要信息之一,也称现金流动量。

1. 现金流量的构成

现金流量构成内容汇总如表 4-1 所示。

表 4-1　　　　　　　　　　　　　现金流量构成内容汇总表

现金流量的构成	构成项目	具 体 内 容
从内容上看	现金流入量	营业收入、回收固定资产的余值、回收流动资金、其他现金流入量
	现金流出量	建设投资、垫支的流动资金、经营成本(或付现成本)、各项税款、其他现金流出量
	现金净流量	现金净流量=年现金流入量-年现金流出量
从产生的时间上看	初始现金流量	建设投资、流动资产投资、原有固定资产变价收入和清理费用,以及其他资费用
	营业现金流量	产品或服务销售所得到的现金流入量、各项营业现金支出、税金支出等 年营业现金净流量=年销售收入-付现成本-税金支出
	终结现金流量	固定资产的变价收入、投资时垫支的流动资金的收回、停止使用的土地的变价收入,以及为结束项目而发生的各种清理费用

2. 现金净流量的估算

现金净流量计算公式汇总如表 4-2 所示。

表 4-2　　　　　　　　　　　　　现金净流量计算公式汇总表

现金净流量估算	不考虑所得税因素	考虑所得税与折旧因素
建设期现金净流量	现金净流量=-该年投资额	现金净流量=-该年投资额
经营期营业现金净流量	营业现金净流量 =营业收入-付现成本 =营业收入-(总成本-折旧额及摊销额) =税前利润+折旧额	营业现金净流量 =营业收入-付现成本-所得税支出 或=税后利润+折旧抵税额 或=税后收入-税后成本+折旧抵税额
经营期终结现金净流量	终结现金净流量=回收额	终结现金净流量=回收额
项目计算期(n)=建设期+经营期		

(二) 项目投资决策

1. 项目投资的含义及类型

项目投资是指投资主体以特定项目为对象,直接与新建项目或更新改造项目有关的长期投资行为。工业企业投资项目主要可以分为以新增生产能力为目的的新建投资和以恢复或改善生产能力为目的的更新改造项目两大类。新建项目是指以新建生产能力为目的的外延式扩大再生产。新建项目按其涉及内容又可细分为单纯固定资产投资项目和完整工业投资项目。

更新改造项目是以恢复或改善生产能力为目的的内涵式扩大再生产。

2. 项目投资的评价指标

项目投资的评价指标是指衡量和比较投资项目可行性,并据以进行方案决策的定量化标准与尺度,它是由一系列综合反映投资效益、投入产出关系的量化指标构成的。项目投资决策评价指标根据是否考虑资金的时间价值,可分为非贴现指标和贴现指标两大类。项目投资评价指标汇总如表 4-3 所示。

表 4-3 项目投资评价指标汇总表

项目投资评价指标	计算公式	优缺点
非贴现指标(未考虑资金的时间价值):		
1. 投资利润率	投资利润率 $= \dfrac{年平均利润额}{投资总额} \times 100\%$	优点:简单、明了、容易掌握 缺点:❶没有考虑资金的时间价值;❷投资利润率也没有考虑折旧的回收;❸静态投资回收期也没有考虑回收期之后的现金净流量对投资收益的贡献
2. 静态投资回收期	(1) 经营期年现金净流量相等: 投资回收期 $= \dfrac{投资总额}{年现金净流量}$ (2) 经营期年现金净流量不相等:则需计算逐年累计的现金净流量,然后用插入法计算出投资回收期	
贴现指标(考虑了资金的时间价值):		
1. 动态投资回收期	以折现的现金流量作为基础计算的投资回收期 评价标准:回收期越短越好	优点:考虑了资金的时间价值 缺点:依然没有完整考虑项目计算期现金流量
2. 净现值	$NPV = \sum\limits_{t=0}^{n} NCF_t \times (P/F, i, t)$ 评价标准:$NPV \geq 0$,项目可行;几个项目投资额相等时,选净现值大于零者中的最大者	优点:考虑了资金的时间价值、风险因素、完整考虑项目现金净流量,反映了投资项目的经济价值 缺点:❶无法直接反映投资项目的实际投资收益率水平;❷难以对不同投资额项目进行选优
3. 净现值率	净现值率($NPVR$) $= \dfrac{净现值}{投资现值}$ 评价标准:$NPVR \geq 0$,项目可行;多项目选择,选取 $NPVR \geq 0$ 中最大者	优点:净现值率和现值指数均属于相对指标,便于对投资额不同的项目进行比较分析 缺点:不能反映投资项目本身的投资收益率水平
4. 现值指数	现值指数(PI) $= \dfrac{\sum 经营期各年现金净流量现值}{投资现值}$ 现值指数 $=$ 净现值率 $+1$ 评价标准:$PI \geq 1$,项目可行;多项目选择,选取 $NPVR \geq 0$ 中最大者	
5. 内含报酬率	当 $\sum\limits_{t=0}^{n} NCF_t \times (P/F, IRR, t) = 0$ 时的贴现率, 即 IRR 评价的标准:当 $IRR \geq i$,项目可行	优点:反映了投资项目实际收益率水平,且不受贴现率高低的影响 缺点:计算较为复杂

贴现指标之间存在以下数量关系,即:
当 $NPV > 0$ 时,$NPVR > 0$,$PI > 1$,$IRR > i$
当 $NPV = 0$ 时,$NPVR = 0$,$PI = 1$,$IRR = i$
当 $NPV < 0$ 时,$NPVR < 0$,$PI < 1$,$IRR < i$

3. 运用贴现指标分析评价投资方案需注意的问题

贴现指标的计算结果都受到建设期和经营期的长短、投资金额及方式,以及各年现金净流量的影响。所不同的是:净现值(NPV)为绝对数指标,其余为相对数指标,计算净现值、净现值率和现值指数所依据的贴现率(i)都是事先已知的,而内含报酬率(IRR)的计算本身与贴现率(i)的高低无关,只是采用这一指标的决策标准是将所测算的内含报酬率与其贴现率进行对比,当 $IRR \geqslant i$ 时该方案是可行的。

在初始投资相同的情况下,四种方法评价得出的结论是一致的。但是,当初始投资不同,或现金流入的时间不一致时,得出的结论可能不一致。在无资本限量的假设下,利用净现值法在所有的投资评价中都能作出正确的决策,而利用内部报酬率和净现值率法在采纳决策中也能作出正确的决策,但是在互斥选择决策中有时会作出错误的决策。因此,在这三种评价方法中,净现值法是最佳的评价方法。

(三) 证券投资决策

1. 证券投资的目的与种类

证券投资是指企业为获取投资收益或特定经营目的而买卖有价证券的一种投资行为。企业除了直接将资金投入生产经营活动,进行直接投资外,常常还将资金投放于有价证券,其目的可能是暂时存放闲置资金;或与筹集长期资金相配套;或获得对相关企业的控制权;或满足未来的财务需求;或满足季节性经营对现金的需求。证券投资相对于项目投资而言,变现能力强,少量资金也能参与投资,便于随时调用和转移资金,这为企业有效利用资金、充分挖掘资金的潜力提供了十分理想的途径。

证券是多种多样的,与此相联系,证券投资的种类也是多种多样的。按不同标准,也可对证券投资进行不同的分类。根据证券投资的对象,可以将证券投资分为债券投资、股票投资、基金投资和组合投资等类别。

2. 影响证券投资的风险因素

影响证券投资的风险因素有五个,分别为:❶违约风险,指证券发行人无法按期支付利息或偿还本金的风险。❷利息率风险,指由于利息率的变动而引起证券价格波动,投资人遭受损失的风险。❸购买力风险,指由于通货膨胀而使证券到期或出售时所获得的货币资金的购买力降低的风险。❹流动性风险,指在投资人想出售有价证券获取现金时,证券不能立即出售的风险。❺期限性风险,指由于证券期限较长而给投资人带来的风险。

3. 债券投资与股票投资比较

债券投资与股票投资比较如表 4-4 所示。

表 4-4   债券投资与股票投资比较表

债券或股票投资	投资目的	债券估价模型	投资收益率	优缺点
债券投资	❶短期债券投资的目的主要是配合企业对资金的需求,调节现金余额,使现金余额达到合理水平	❶债券估价的基本模型: $$V = \sum_{t=1}^{n} \frac{i \times F}{(1+K)^t} + \frac{F}{(1+K)^n}$$ $$= I \times (P/A, K, n) + F \times (P/F, K, n)$$	❶短期债券收益率的计算: $$K = \frac{S_1 - S_0 + I}{S_0}$$	优点: ❶投资收益稳定; ❷投资风险较低; ❸流动性强

续 表

债券或股票投资	投资目的	债券估价模型	投资收益率	优缺点
债券投资	❷ 长期债券投资的目的主要是获得稳定的收益	❷ 一次还本付息的单利债券的估价模型: $V=F(1+i\times n)\div(1+K)^n$ $=F(1+i\times n)\times(P/F,K,n)$ ❸ 折现发行时债券的估价模型:$P=F\div(1+K)^n$ $=F\times(P/F,K,n)$	❷ 长期债券收益率的计算(K): 根据一般债券的价值模型求K: $V=I\times(P/A,K,n)+F\times(P/F,K,n)$ 根据一次还本付息的单利债券价值模型求K: $V=F(1+i\times n)\times(P/F,K,n)$	缺点: ❶无经营管理权; ❷购买力风险较大
股票投资	❶ 是获利 ❷ 是控股	❶ 股票估价的基本模型: $V=\sum_{t=1}^{n}\frac{d_t}{(1+K)^t}+\frac{V_n}{(1+K)^n}$ ❷ 固定股利、长期持有的股票估价模型:$V=\dfrac{d}{K}$ ❸ 长期持有股票,股利固定增长的股票估价模型: $V=d_0(1+g)\div(K-g)$ $=d_1\div(K-g)$ ❹ 非固定成长股票估价:要分段计算,才能确定股票的价值	❶ 短期股票收益率的计算: $K=$预期资本利得收益率+股利收益率 $=(S_1-S_0+d)\div S_0\times100\%$ ❷ 股票长期持有,股利固定增长的收益率的计算: 由:$V=\dfrac{d_1}{(K-g)}$ 得到:$K=\dfrac{d_1}{V}+g$ ❸ 一般情况下股票投资收益率的计算(公式中的K): $V=\sum_{t=1}^{n}\frac{d_t}{(1+K)^t}+\frac{V_n}{(1+K)^n}$	优点: ❶投资收益高; ❷购买力风险低; ❸拥有经营控制权。 缺点: ❶收入不稳定; ❷价格不稳定; ❸求偿权居后

4

4. 证券投资组合风险与收益

证券投资组合又叫证券组合,是指在进行证券投资时,不是将所有的资金都投向单一的某种证券,而是有选择地投向一组证券。这种同时投资多种证券的做法叫作证券投资组合。证券投资组合的总风险由两部分构成,即非系统风险和系统风险。投资者进行证券投资,就要求对承担的风险进行补偿,股票的风险越大,要求的收益率就越高。由于证券投资的非系统性风险可通过投资组合来抵消,投资者要求补偿的风险主要是系统性风险。因此,证券投资组合的风险收益是投资者因承担系统性风险而要求的,超过资金时间价值的那部分额外收益。证券投资组合风险与收益的计算如表 4-5 所示。

表 4-5 证券投资组合风险与收益的计算表

风 险	收 益 率
❶ 非系统性风险：可分散	❶ 证券组合投资的期望收益率： $$\overline{R}_p = \sum_{i=1}^{n} W_i \overline{R}_i$$
❷ 系统性风险：不可分散	
系统性风险计量：β 系数 $\beta > 1$，说明该股票风险大于整个市场的风险； $\beta = 1$，说明这种股票风险与整个证券市场的风险情况一致； $\beta < 1$，说明其风险小于整个市场的风险。 证券投资组合的 β 值计算公式：$\beta_p = \sum_{i=1}^{n} W_i \beta_i$	❷ 证券投资组合的风险收益率： $$R_p = \beta_p \cdot (R_m - R_f)$$ ❸ 证券投资的必要收益率：$R_i = R_f + \beta_i (R_m - R_f)$，这就是资本资产定价模型（CAPM）

知识小结：
项目四

4

习 题

任务一 项目投资现金流量估算

一、判断题

1. 若不考虑所得税，则在整个投资有效期内，现金净流量总计等于利润总计；若考虑所得税，则在整个投资有效期内，现金净流量总计将不等于利润总计。 （ ）

2. 现金净流量是指一定期间现金流入量和现金流出量的差额。 （ ）

3. 在计算现金净流量时，无形资产摊销额的处理与折旧额相同。 （ ）

4. 在不考虑所得税的情况下，同一投资方案分别采用加速折旧法、直线法计提折旧不会影响各年的现金净流量。 （ ）

5. 在整个项目计算期内，任何一年的现金净流量，都可以通过"利润＋折旧"的简化公式来确定。 （ ）

6. 折旧可以起到减少税负的作用，即会使企业实际少缴所得税，也就是减少了企业现金流出量，增加了现金净流量。 （ ）

7. 对于单纯固定资产投资项目而言，原始投资就是固定资产投资。 （ ）

8. 投资决策中使用的现金流量就是指各种货币资金。 （ ）

9. 在项目投资假设条件下，运营期计入财务费用的利息不属于项目现金流出量的内容，但在计算固定资产原值时，必须考虑建设期资本化利息。 （ ）

10. 完整的项目计算期由试产期和达产期两部分构成。 （ ）

二、单项选择题

1. 投资方案使用原有的非货币资产，其相关的现金流量应为非货币资产的（ ）。

A. 账面价值 B. 折余价值 C. 变现价值 D. 原始价值

2. 在长期投资决策中，一般来说，属于经营期现金流出项目的是（ ）。

A. 固定资产投资 B. 开办费 C. 经营成本 D. 无形资产投资

3. 在项目投资决策中,完整的项目计算期是指(　　　)。

  A. 建设期　　　　　　　　　　　B. 生产经营期

  C. 建设期＋达产期　　　　　　　D. 建设期＋生产经营期

4. 某投资项目原始投资额为 100 万元,使用寿命 10 年,已知该项目第 10 年的经营净现金流量为 25 万元,期满处置固定资产残值收入及回收流动资金共 8 万元,则该投资项目第 10 年的净现金流量为(　　　)万元。

  A. 8　　　　　　　B. 2　　　　　　　C. 33　　　　　　　D. 43

5. 下列指标的计算中,没有直接利用净现金流量的是(　　　)。

  A. 内部收益率　　　B. 投资利润率　　　C. 净现值率　　　D. 现值指数

6. 下列关于投资项目营业现金流量预计的各种说法中,不正确的是(　　　)。

  A. 营业现金流量等于税后净利润加上折旧额

  B. 营业现金流量等于营业收入减去付现成本再减去所得税

  C. 营业现金流量等于税后收入减去税后成本再加上折旧引起的税负减少额

  D. 营业现金流量等于营业收入减去营业成本再减去所得税

7. 某投资方案的年营业收入为 100 000 元,年营业成本为 60 000 元,其中年折旧额为 10 000 元,所得税税率为 25%,该方案的每年营业现金流量为(　　　)元。

  A. 26 800　　　　　B. 40 000　　　　　C. 16 800　　　　　D. 43 200

8. 一个投资方案年销售收入 300 万元,年销售成本 210 万元,其中折旧 85 万元,所得税税率 25%,则该方案年营业现金流量为(　　　)万元。

  A. 90　　　　　　　B. 152.5　　　　　C. 175　　　　　　D. 54

9. 在存在所得税的情况下,以"利润＋折旧"估计经营期净现金流量时,"利润"是指(　　　)。

  A. 利润总额　　　　　　　　　　B. 净利润

  C. 营业利润　　　　　　　　　　D. 息税前利润

10. 某企业投资方案 A 的年销售收入为 180 万元,年销售成本和费用为 120 万元,其中,折旧为 20 万元,所得税税率为 25%,则该投资方案的年现金净流量为(　　　)万元。

  A. 42　　　　　　　B. 65　　　　　　　C. 60　　　　　　　D. 48

11. 差额内部收益率与内部收益率的区别在于差额内部收益率的计算依据是(　　　)。

  A. 现金流入量　　　　　　　　　B. 现金流出量

  C. 差量净现金流量　　　　　　　D. 净现金流量

12. 某投资方案所用的固定资产账面原值是 100 万元,净残值率 10%,预计正常报废时的残值变现收入为 8 万元,若所得税税率为 25%,则残值变现现金流入为(　　　)万元。

  A. 8.5　　　　　　　B. 8　　　　　　　C. 7.2　　　　　　　D. 18

三、多项选择题

1. 投资方案现金流出量包括(　　　　　)。

  A. 购买固定资产价款　　　　　　B. 垫付营运资金

  C. 固定资产折旧　　　　　　　　D. 递延资产摊销

2. 投资方案现金流入量的内容可能包括(　　　　　)。

  A. 营业现金流入

B. 项目报废时的残值变现收入扣除残值收益纳税

C. 收回垫付的营运资金

D. 残值损失减税

3. 下列有关现金流量的说法中,正确的有(　　　　　)。

A. 在投资决策中,研究的重点是现金流量而不是利润

B. 在整个投资有效期内,现金净流量总计等于利润总计

C. 一个项目能否维持下去,取决于现金流入是否充足,而不取决于是否盈利

D. 以现金流量作为投资决策的依据,有利于考虑货币时间价值

4. 若建设期不为零,则建设期内各年的净现金流量可能会(　　　　　)。

A. 等于1　　　　　B. 大于1　　　　　C. 小于0　　　　　D. 等于0

5. 完整的工业投资项目的现金流入主要包括(　　　　　)。

A. 营业收入　　　　　　　　　　B. 回收固定资产变现净值

C. 固定资产折旧　　　　　　　　D. 回收流动资金

6. 以下各项中,可以构成建设投资内容的有(　　　　　)。

A. 固定资产投资　　B. 无形资产投资　　C. 流动资金投资　　D. 付现成本

7. 在建设期不为零的完整工业投资项目中,分次投入的垫支流动资金的实际投资时间可以发生在(　　　　　)。

A. 建设起点　　　　B. 建设期末　　　　C. 试产期内　　　　D. 终结点

8. 若考虑所得税,则营业现金流量可用下列公式计算(　　　　　)。

A. 税后收入-税后成本+折旧抵税额

B. 净利润+折旧

C. 营业收入-付现成本-所得税

D. 营业收入×(1-所得税税率)-付现成本×(1-所得税税率)+非付现成本×所得税税率

四、业务题

1. 某公司要进行一项投资,经营期4年,需固定资产投资100万元,在建设初一次投入,按4年年数总和法折旧,无残值;需垫付营运资金60万元,在经营期满时全额收回;每年销售收入120万元,消费税税率为5%,销售收入的50%在本年收款,其余50%在下年收款,在第4年时全部收款;每年付现成本为50万元。所得税税率为25%。

要求:计算各年的现金流量。

2. 某公司准备购入一套设备以扩充生产能力,现有甲、乙两个方案可选择:

甲方案:投资额30 000元,使用寿命为5年,采用直线法折旧,5年后设备无残值;5年中每年销售收入为15 000元,每年付现成本为5 000元。

乙方案:投资额36 000元,使用寿命为5年,采用直线法折旧,5年后设备有残值收入6 000元;5年中每年销售收入为17 000元,每年付现成本第一年为6 000元,以后随着设备陈旧,逐年将增加修理费300元,另外需垫支流动资金3 000元,所得税税率为25%。

要求:计算甲、乙两个方案的现金流量。

3. 某更新改造项目中,购置新设备需要投资500 000元;旧设备的变价净收入为100 000元,预计其5年后的净残值与新设备的净残值相等,与处理旧设备有关的固定资产清理损益为

0。该项目不影响企业的正常经营,投入使用后不会增加收入,但每年会降低经营成本 100 000 元。假定不考虑所得税因素。

要求:计算该更新改造项目的净现金流量。

4. 某公司有一投资项目,需要投资 6 000 元(5 400 元用于购置设备,600 元用于追加流动资金)。预期该项目可使企业销售收入增加:第 1 年为 2 000 元,第 2 年为 3 000 元,第 3 年为 5 000 元。第 3 年年末项目结束,收回流动资金 600 元。固定资产按 3 年直线法折旧并不计残值。

要求:计算该项目的现金流量。

五、思考题

1. 为什么在投资决策分析中重视现金流量,而把利润指标放在次要地位?

2. 项目投资决策中的现金流量与财务会计中的现金流量有何不同?

3. 在考虑所得税与折旧因素条件下,项目投资现金净流量如何估算?

任务二　项目投资决策

4

一、判断题

1. 投资项目评价所运用的内含报酬率指标的计算结果与项目预定的贴现率高低有直接关系。　　　　　　　　　　　　　　　　　　　　　　　　　　　　　　(　　)

2. 投资利润率和静态的投资回收期这两个静态指标的优点是计算简单,容易掌握,且均考虑了现金流量。　　　　　　　　　　　　　　　　　　　　　　　　　　　(　　)

3. 某一投资方案按 10% 的贴现率计算的净现值大于零,那么,该方案的内含报酬率大于 10%。　　　　　　　　　　　　　　　　　　　　　　　　　　　　　　　(　　)

4. 所谓年回收额法,是指通过比较所有投资方案的年等额净现值指标的大小来选择最优方案的决策方法。在此方法下,年等额净现值最大的方案为优。　　　　　　　(　　)

5. 多个互斥方案比较,一般应选择净现值大的方案。　　　　　　　　　　(　　)

6. 不论在什么情况下,都可以通过逐次测试逼近方法计算内含报酬率。　　(　　)

7. 现值指数是指投资项目的净现值与投资现值合计的比值;净现值率是指项目投产后按一定贴现率计算的在经营期内各年现金净流量的现值合计与投资现值合计的比值。　(　　)

8. 内含报酬率又称内部收益率,是指投资项目在项目计算期内各年现金净流量现值合计数等于零时的贴现率,也可将其定义为能使投资项目的净现值等于零时的贴现率。　(　　)

9. 所谓差额法,是指在两个投资总额不同方案的差额现金净流量的基础上,计算出差额净现值或差额内含报酬率,并据以判断方案孰优孰劣的方法。　　　　　　　　(　　)

二、单项选择题

1. 如果其他因素不变,一旦贴现率提高,则下列指标中其数值将会变小的是(　　)。

A. 净现值　　　　　　　　　　B. 投资报酬率

C. 内含报酬率　　　　　　　　D. 静态投资回收期

2. 某投资项目原始投资为 12 000 元,当年完工投产,有效期限 3 年,每年可获得现金净流量 4 600 元,则该项目内含报酬率为(　　)。

A. 7.33%　　　　B. 7.68%　　　　C. 8.32%　　　　D. 6.68%

3. 某投资方案贴现率为 16% 时,净现值为 6.12,贴现率为 18% 时,净现值为 −3.17,则该方案的内含报酬率为(　　)。

　　A. 14.68%　　　　B. 17.32%　　　　C. 18.32%　　　　D. 16.68%

4. 在评价单一方案的财务可行性时,如果不同评价指标之间的评价结论发生了矛盾,就应当以主要评价指标的结论为准,最佳评价指标为(　　)。

　　A. 净现值　　　　　　　　　　　　B. 静态投资回收期

　　C. 投资报酬率　　　　　　　　　　D. 年平均报酬率

5. 下列表述中,不正确的是(　　)。

　　A. 净现值大于零时,说明该投资方案可行

　　B. 净现值为零时的贴现率即为内含报酬率

　　C. 净现值是特定方案未来现金流入现值与未来现金流出现值之间的差额

　　D. 净现值大于零时,现值指数小于 1

6. 计算一个投资项目的回收期,应该考虑的因素是(　　)。

　　A. 贴现率　　　　　　　　　　　　B. 使用寿命

　　C. 年现金净流入量　　　　　　　　D. 资本成本

7. 下列投资决策评价指标中,其数值越小越好的指标是(　　)。

　　A. 净现值　　　　　　　　　　　　B. 静态投资回收期

　　C. 内部报酬率　　　　　　　　　　D. 投资报酬率

8. 某企业计划投资 10 万元建一生产线,预计投资后每年可获净利 1.5 万元,年折旧率为 10%,则静态投资回收期为(　　)年。

　　A. 3　　　　　　　B. 5　　　　　　　C. 4　　　　　　　D. 6

9. 如果某一投资方案的净现值为正数,则必然存在的结论是(　　)。

　　A. 投资回收期在一年以内　　　　　B. 现值指数大于 1

　　C. 投资报酬率高于 100%　　　　　D. 年均现金净流量大于原始投资额

10. 年回收额法,是指通过比较所有投资方案的年等额净现值指标的大小来选择最优方案的决策方法。在此方法下,年等额净现值(　　)的方案为优。

　　A. 最小　　　　　　　　　　　　　B. 最大

　　C. 大于零　　　　　　　　　　　　D. 等于零

11. 已知某投资项目的项目计算期是 8 年,资金于建设起点一次投入,当年完工并投产。经预计该项目包括建设期的静态投资回收期是 2.5 年,则按内部收益率确定的年金现值系数是(　　)。

　　A. 3.2　　　　　　B. 5.5　　　　　　C. 2.5　　　　　　D. 4

12. 对于多个互斥方案的比较和优选,采用年等额净回收额指标时(　　)。

　　A. 选择投资额较大的方案为最优方案

　　B. 选择投资额较小的方案为最优方案

　　C. 选择年等额净回收额最大的方案为最优方案

　　D. 选择年等额净回收额最小的方案为最优方案

13. 某投资项目投资总额为 100 万元,建设期为 2 年,投产后第 1 年至第 8 年每年现金净流量为 25 万元,第 9 年至第 10 年每年现金净流量均为 20 万元,项目的投资回收期为(　　)年。

　　A. 5　　　　　　　B. 6　　　　　　　C. 7　　　　　　　D. 8

14. 项目投资方案可行的必要条件是(　　)。

A. 净现值大于或等于零 　　　　　　　　 B. 净现值大于零

C. 净现值小于零 　　　　　　　　　　　 D. 净现值等于零

15. 用内含报酬率评价项目可行的必要条件是(　　)。

A. 内含报酬率大于贴现率 　　　　　　　 B. 内含报酬率小于贴现率

C. 内含报酬率大于或等于贴现率 　　　　 D. 内含报酬率等于贴现率

16. 贴现评价指标的计算与贴现率的高低无关的是(　　)。

A. 净现值 　　　　 B. 净现值率 　　　　 C. 现值指数 　　　　 D. 内含报酬率

17. 某公司在 5 年前以 100 万元购买土地 2 000 平方米,现在这块土地的市价为 220 万元,该公司打算在这块土地上新建一生产线,则新建生产线的机会成本是(　　)万元。

A. 100 　　　　　　 B. 220 　　　　　　 C. 120 　　　　　　 D. 320

三、多项选择题

1. 净现值法与现值指数法的共同之处在于(　　　　)。

A. 都是相对数指标,反映投资的效率

B. 都必须按预定的贴现率折算现金流量的现值

C. 都不能反映投资方案的实际投资收益率

D. 都没有考虑货币时间价值因素

2. 下列指标中,属于折现的相对量评价指标的有(　　　　)。

A. 净现值率 　　　 B. 现值指数 　　　 C. 投资利润率 　　　 D. 内部收益率

3. 若 $NPV<0$,则下列关系式中正确的有(　　　　)。

A. $NPVR>0$ 　　 B. $NPVR<0$ 　　 C. $PI<1$ 　　 D. $IRR<i$

4. 下列指标中,不能直接反映投资项目的实际收益水平的有(　　　　)。

A. 净现值 　　　 B. 现值指数 　　　 C. 内部收益率 　　　 D. 净现值率

5. 在一般投资项目中,当一项投资方案的净现值等于零时,即表明(　　　　)。

A. 该方案的获利指数等于 1

B. 该方案不具备财务可行性

C. 该方案的净现值率大于零

D. 该方案的内部收益率等于设定折现率或行业基准收益率

6. 净现值法的优点有(　　　　)。

A. 考虑了资金时间价值

B. 考虑了项目计算期的全部净现金流量

C. 考虑了投资风险

D. 可从动态上反映项目的实际投资收益率

7. 内含报酬率是指(　　　　)。

A. 投资报酬与总投资的比率 　　　　　　 B. 项目投资实际可望达到的报酬率

C. 投资报酬现值与总投资现值的比率 　　 D. 使投资方案净现值为零的贴现率

8. 影响项目内含报酬率的因素包括(　　　　)。

A. 投资项目的有效年限 　　　　　　　　 B. 投资项目的现金流量

C. 企业要求的最低投资报酬率 　　　　　 D. 建设期

4

9. 在单一方案决策过程中,与净现值评价结论可能发生矛盾的评价指标有( )。

　　A. 净现值率　　　　B. 投资利润率　　　　C. 投资回收期　　　　D. 内含报酬率

10. 当一项长期投资方案的净现值大于零时,则可以说明( )。

　　A. 该方案贴现后现金流入大于贴现后现金流出

　　B. 该方案的内含报酬率大于预定的贴现率

　　C. 该方案的现值指数一定大于1

　　D. 该方案可以接受,应该投资

11. 下列指标中,考虑到资金时间价值的有( )。

　　A. 净现值　　　　　　　　　　　　B. 现值指数

　　C. 内含报酬率　　　　　　　　　　D. 投资回收期

12. 当内含报酬率大于企业的资本成本时,下列关系式中正确的有( )。

　　A. 现值指数大于1　　　　　　　　B. 现值指数小于1

　　C. 净现值大于0　　　　　　　　　D. 净现值小于0

四、业务题

1. 大华公司拟购置一台设备,价款为 240 000 元,使用 6 年,期满净残值为 12 000 元,直线法计提折旧。使用该设备每年为公司增加税后净利为 26 000 元。若公司的资本成本率为 14%。

要求:

(1) 计算各年的现金净流量。

(2) 计算该项目的净现值。

(3) 计算该项目的现值指数。

(4) 计算评价该投资项目的财务可行性。

2. 某企业拟建一项固定资产,需投资 65 万元,按直线法计提折旧,使用寿命 10 年,期末有 5 万元净残值。该项工程建设期为 1 年,投资额分别于年初投入 35 万元,年末投入 30 万元。预计项目投产后每年可增加营业收入 20 万元,总成本 15 万元,假定贴现率为 10%。

要求:计算该投资项目的净现值。

3. 已知宏达公司拟于 2025 年年初用自有资金购置设备一台,需一次性投资 200 万元。经测算,该设备使用寿命为 5 年。税法也允许按 5 年计提折旧;设备投入运营后每年可新增利润 40 万元。假定该设备按直线法折旧,无残值,不考虑建设安装期和公司所得税。

要求:

(1) 计算使用期内各年净现金流量。

(2) 计算该设备的静态投资回收期。

(3) 计算该投资项目的投资利润率。

4. 某企业拟建造一项生产设备。预计建设期为 1 年,所需原始投资 200 万元于建设起点一次投入。该设备预计使用寿命为 5 年,使用期满报废清理时无残值。该设备折旧方法采用直线法。该设备投产后每年增加净利润 60 万元。假定适用的折现率为 10%。

要求:

(1) 计算项目计算期内各年净现金流量。

(2) 计算项目净现值,并评价其财务可行性。

5. 某企业购买机器设备价款 40 万元,可为企业每年增加净利 4 万元,该设备可使用 5 年,无残值,采用直线法计提折旧,该企业的贴现率为 10%。

　　要求:用静态法计算该投资方案的投资利润率、投资回收期,并对此投资方案作出评价。

　　6. 某企业为生产某种新产品,拟投资总额 500 000 元,预计当年投产每年可获得利润 45 000 元,投资项目寿命期为 10 年,该企业资本成本率为 10%。

　　要求:

　　(1) 计算每年的现金净流入量。

　　(2) 计算该投资项目的净现值。

　　(3) 计算该投资项目的现值指数。

　　(4) 根据计算判断该投资项目是否可行。

　　7. 某企业计划进行某项投资活动。方案原始投资 150 万元,其中,固定资产投资 100 万元,流动资金 50 万元,全部资金于建设起点一次投入,经营期 5 年,到期残值收入 5 万元,预计投产后年营业收入 90 万元,年总成本(包括折旧)60 万元。固定资产按直线法折旧,全部流动资金于终结点收回。假设该企业为免税企业,可以免交所得税。

　　要求:

　　(1) 说明方案资金投入的方式。

　　(2) 计算该方案下各年的净现金流量。

　　(3) 计算该方案建设期的静态投资回收期。

　　8. 某公司准备购入一设备,现有甲、乙两个方案可供选择。甲方案:需投资 30 000 元,使用寿命 5 年,采用直线法计提折旧,5 年后设备无残值,5 年中每年销售收入为 15 000 元,每年的付现成本为 5 000 元。乙方案:需投资 36 000 元,采用直线法计提折旧,使用寿命也是 5 年,5 年后有残值收入 6 000 元。5 年中每年收入为 17 000 元,付现成本第 1 年为 6 000 元。随着设备陈旧,将逐年增加修理费 300 元,另需垫支营运资金 3 000 元,到期可全部收回。假设所得税税率为 25%,资本成本率为 10%。

　　要求:

　　(1) 计算两个方案的现金净流量。

　　(2) 计算两个方案的差额净现值。

　　(3) 计算两个方案的差额内含报酬率。

　　(4) 试判断应选用哪个方案。

　　9. 远大公司拟购入一设备,现有甲、乙两个方案可供选择。甲方案:需投资 20 000 元,期初一次投入。建设期为 1 年,需垫支流动资金 3 000 元,到期可全部收回。使用寿命 4 年,采用直线法计提折旧,假设设备无残值,设备投产后每年销售收入 15 000 元,每年付现成本 3 000 元。乙方案:需投资 20 000 元,采用直线法计提折旧,使用寿命 5 年,5 年后设备无残值。5 年中每年的销售收入 11 000 元,付现成本第 1 年 4 000 元,以后逐年增加修理费 200 元。假设所得税税率为 25%。投资人要求的必要报酬率为 10%。

　　要求:

　　(1) 计算两个方案的现金流量。

　　(2) 计算两个方案的差额净现值。

　　(3) 作出应采用哪个方案的决策。

4

五、思考题

1. 什么是项目投资？项目投资的类型和一般程序有哪些？
2. 项目投资评价的非贴现指标和贴现指标有哪些？各有什么优缺点？
3. 项目投资评价的贴现指标之间有何关系？
4. 什么是项目投资的差额分析法和年回收额法？各自在什么情况下使用？

任务三 证券投资决策

一、判断题

1. 证券投资的流动性与风险性成正比。 （　　）
2. 当股票种类足够多时，几乎可以把所有的系统风险分散掉。 （　　）
3. 变动收益证券比固定收益证券风险要小，报酬要高。 （　　）
4. 任何证券都可能存在违约风险。 （　　）
5. 通货膨胀情况下，债券比股票能更好地避免购买力风险。 （　　）
6. 在计算长期证券收益率时，应考虑资金时间价值因素。 （　　）
7. 就风险而言，从大到小的排列顺序为：金融证券、公司证券、政府证券。 （　　）
8. 股票的内在价值由一系列的股利和将来出售股票时售价的现值所构成，通常当股票的市场价格高于股票内在价值时才适宜投资。 （　　）
9. 债券估价的基本模型主要是指按复利方式计算的每年定期付息、到期一次还本情况下的债券的估价模型，可表示为：$V=I\cdot(P/A,K,n)+F\cdot(P/F,K,n)$。 （　　）
10. 如果债券的收益率高于投资人要求的必要报酬率，则可购进债券；否则，就应放弃此项投资。 （　　）
11. 长期持有股票，股利固定增长的股票估价模型为：$V=\dfrac{d}{K}$。 （　　）
12. 债券投资的购买力风险较低，而股票投资的购买力风险较高。 （　　）
13. 当 β 系数等于零时，表明投资无风险，必要收益率等于市场平均收益率。 （　　）
14. 市场风险涉及所有投资对象，不能通过多样化投资来分散，又称不可分散风险。 （　　）
15. 如果股票投资组合包括全部的股票，则全部风险都被分散掉，不承担任何风险。 （　　）
16. 资本资产定价模型的研究对象是系统风险与要求的收益率之间的均衡关系。 （　　）
17. 证券组合投资风险的大小，等于组合中各个证券风险的加权平均数。 （　　）

二、单项选择题

1. 某债券面值为 500 元，期限为 5 年，以折现方式发行，期内不计利息，到期按面值偿还，当时市场利率为 8%，其价格为（　　）元时，企业才能购买。

A. 高于 340　　　　B. 低于 340　　　　C. 高于 510　　　　D. 低于 500

2. 在投资人想出售有价证券获取现金时，证券不能立即出售的风险是（　　）。

A. 流动性风险　　B. 期限性风险　　C. 违约风险　　　　D. 购买力风险

3. 一般认为，企业进行短期债券投资的主要目的是（　　）。

A. 控制被投资企业

B. 获得稳定收入

    C. 调节现金余额，使现金余额达到合理水平

    D. 增强资产流动性

4. 星海公司欲投资购买某上市公司股票，预计持有期限为 3 年。该股票预计年股利额为 8 元/股，3 年后市价可望涨至 80 元，企业报酬率为 10％，则该股票现在可用最多（　　）元购买。

    A. 59　　　　　　　B. 80　　　　　　　C. 75　　　　　　　D. 86

5. 2024 年 2 月，A 公司购买某上市公司的股票，其购买价格为 50 元/股，2024 年 1 月 A 公司持有该股票获得现金股利为 3 元/股，2025 年 2 月 A 公司以 60 元/股的价格出售该股票，则该股票的投资收益率为（　　）。

    A. 30％　　　　　　B. 25％　　　　　　C. 26％　　　　　　D. 30％

6. 面值为 60 元的普通股股票，预计年固定股利收入为 6 元，如果折现率为 8％，那么，准备长期持有该股票的投资者能接受的购买价格为（　　）元。

    A. 60　　　　　　　B. 80　　　　　　　C. 75　　　　　　　D. 65

7. 由于通货膨胀而使证券到期或出售时所获得的货币资金的购买力降低的风险属于（　　）。

    A. 购买力风险　　B. 期限性风险　　C. 流动性风险　　D. 利息率风险

8. 按证券的发行主体不同，证券可分为（　　）。

    A. 短期证券和长期证券　　　　　　　B. 固定收益证券和变动收益证券

    C. 所有权证券和债权证券　　　　　　D. 政府证券、金融债券和公司债券

9. 企业进行股票投资的目的是（　　）。

    A. 获得稳定收益　　　　　　　　　　B. 控股和获利

    C. 调节现金余额　　　　　　　　　　D. 使公司处于理想目标结构

10. 企业把资金投资于国债，可不必考虑的风险是（　　）。

    A. 再投资风险　　B. 违约风险　　　C. 购买力风险　　D. 利率风险

11. 有一笔国债，5 年期，平价发行，票面年利率为 10％，单利计息，到期一次还本付息，其到期收益率是（　　）。

    A. 9％　　　　　　B. 11％　　　　　　C. 10％　　　　　　D. 12％

12. 对证券持有人而言，证券发行人无法按期支付债券利息或偿付本金的风险是（　　）。

    A. 流动性风险　　B. 系统风险　　　C. 违约风险　　　D. 购买力风险

13. 如某投资组合收益由呈完全负相关的两只股票构成，则（　　）。

    A. 该组合的非系统性风险能完全抵消

    B. 该组合的风险收益为零

    C. 该组合的投资收益大于其中任一股票的收益

    D. 该组合的投资收益标准差大于其中任一股票收益的标准差

14. 下列各因素中，不会影响债券价值的是（　　）。

    A. 票面价值与票面利率　　　　　　　B. 市场利率

    C. 到期日与付息方式　　　　　　　　D. 购买价格

15. 某人以 40 元的价格购入一只股票，该股票目前的股利为每股 1 元，股利增长率为 2％，预计一年后以 50 元的价格出售，则该股票的投资收益率应为（　　）。

    A. 2％　　　　　　B. 20％　　　　　　C. 21％　　　　　　D. 27.5％

16. 某股票的未来股利不变，当股票市价低于股票价值时，则股票的投资收益率比投资人

4

要求的最低报酬率(　　)。

  A. 低   B. 高

  C. 相等   D. 可能高于也可能低于

  17. 如果组合中包括了全部股票,则投资人(　　)。

  A. 只承担市场风险   B. 只承担特有风险

  C. 只承担非系统风险   D. 没有风险

  18. 债券投资者购买证券时,可以接受的最高价格是(　　)。

  A. 出卖市价   B. 到期价值   C. 债券价值   D. 票面价值

  19. 某公司发行的股票,预期报酬率为20%,最近刚支付的股利为每股2元,估计股利年增长率为10%,则该种股票的价值为(　　)元。

  A. 20   B. 24   C. 22   D. 18

  20. 企业对外进行债券投资,从其产权关系来看属于(　　)。

  A. 债权投资   B. 股权投资   C. 证券投资   D. 实物投资

  21. 当股票投资期望收益率等于无风险投资收益率时,β 系数应(　　)。

  A. 大于1   B. 等于1   C. 小于1   D. 等于0

  22. 避免违约风险的方法是(　　)。

  A. 不买质量差的债券   B. 投资预期报酬率会上升的资产

  C. 分散债券的到期日   D. 购买长期债券

  23. 证券组合的作用主要是(　　)。

  A. 降低市场风险   B. 分散特有风险

  C. 提高无风险报酬率   D. 提高风险报酬率

  24. 已知某证券 β 系数等于1,则表明该证券(　　)。

  A. 比市场组合系统风险大一倍   B. 有非常低的风险

  C. 与市场组合系统风险一致   D. 无风险

  25. 大华公司股票的 β 系数为1.5,无风险收益率为8%,市场上所有股票的平均收益率为15%,则大华公司股票的必要收益率应为(　　)。

  A. 15%   B. 18.5%   C. 19.5%   D. 17.5%

  26. 已知某证券的 β 系数等于0.5,则表明该证券(　　)。

  A. 无风险   B. 有非常低的风险

  C. 其风险等于整个市场风险   D. 其风险只有整个市场证券风险的一半

  27. 下列投资组合策略中,要求投资者必须具备丰富的投资经验的是(　　)。

  A. 保守型策略   B. 适中型策略

  C. 冒险型策略   D. 投机型策略

  28. 两种股票完全正相关时,这两种股票组成的投资组合(　　)。

  A. 能适当分散风险   B. 不能分散风险

  C. 能分散掉部分风险   D. 能分散掉全部风险

三、多项选择题

  1. 下列证券中,属于固定收益证券的有(　　)。

  A. 公司债券   B. 金融债券   C. 优先股股票   D. 普通股股票

2. 下列情况中,会引起证券价格下跌的有(　　　　　)。

    A. 银行利率上升　　　　　　　　　　　B. 通货膨胀持续降低

    C. 银行利率下降　　　　　　　　　　　D. 通货膨胀持续增长

3. 进行证券投资,应考虑的风险有(　　　　　)。

    A. 违约风险　　　　B. 利息率风险　　　C. 购买力风险　　　D. 市场风险

4. 证券投资的收益包括(　　　　　)。

    A. 资本利得　　　　B. 股利　　　　　　C. 出售售价　　　　D. 债券利息

5. 下列属于可分散风险的有(　　　　　)。

    A. 银行调整利率水平引起的风险　　　　B. 公司劳资关系紧张引起的风险

    C. 公司诉讼失败引起的风险　　　　　　D. 市场呈现疲软现象引起的风险

6. 债券投资与股票投资相比(　　　　　)。

    A. 收益较高　　　　　　　　　　　　　B. 投资风险较小

    C. 购买力风险低　　　　　　　　　　　D. 没有经营控制权

7. 企业进行股票投资的主要目的包括(　　　　　)。

    A. 获取稳定收益　　　　　　　　　　　B. 获得股利收入及股票买卖价差

    C. 取得对被投资企业的控股权　　　　　D. 为配合长期资金的使用,调节现金余额

8. 股票投资的缺点有(　　　　　)。

    A. 购买力风险低　　　B. 求偿权居后　　　C. 价格不稳定　　　D. 收入稳定性强

9. 下列因素中,会影响债券投资收益率的有(　　　　　)。

    A. 票面价值与票面利率　　　　　　　　B. 市场利率

    C. 持有期限　　　　　　　　　　　　　D. 购买价格

10. 证券投资按投资对象的不同可分为(　　　　　)。

    A. 债券投资　　　　B. 股票投资　　　　C. 组合投资　　　　D. 金融证券投资

11. 企业进行证券投资的主要目的有(　　　　　)。

    A. 利用暂时闲置的资金　　　　　　　　B. 与筹集的长期资金相配合

    C. 满足未来的财务需求　　　　　　　　D. 获得对相关企业的控制权

12. 证券投资风险主要来源于(　　　　　)等方面。

    A. 违约风险　　　　　　　　　　　　　B. 利息率风险

    C. 购买力风险　　　　　　　　　　　　D. 流动性风险

13. 进行股票投资具有的主要优点有(　　　　　)。

    A. 投资收益高　　　　　　　　　　　　B. 拥有企业的经营控股权

    C. 购买力风险较低　　　　　　　　　　D. 收入较稳定

14. 有关 β 值的下列说法正确的有(　　　　　)。

    A. 无风险资产的 β 系数等于 0

    B. 市场组合的 β 系数等于 1

    C. 投资组合的 β 系数等于被组合各证券 β 系数的加权平均数

    D. 它说明相对于市场组合而言特定资产的系统风险是多少

15. 证券投资的系统风险,又称为(　　　　　)。

    A. 市场风险　　　　　　　　　　　　　B. 公司特别风险

    C. 可分散风险　　　　　　　　　　　　D. 不可分散风险

4

16. 按照资本资产定价模型,确定特定股票必要收益率所考虑的因素有(　　　　　)。

　　A. 无风险收益率　　　　　　　　　　B. 公司股票的特有风险

　　C. 特定股票的 β 系数　　　　　　　D. 所有股票的年均收益率

17. 按照投资的风险分散理论,以等量资金投资于 A、B 两项目(　　　　　)。

　　A. 若 A、B 项目完全负相关,组合后的非系统风险完全抵消

　　B. 若 A、B 项目完全负相关,组合后的非系统风险不扩大也不减少

　　C. 实际上 A、B 项目的投资组合可以降低非系统风险,但难以完全消除非系统风险

　　D. 若 A、B 项目完全正相关,组合后的非系统风险不扩大也不减少

18. 证券的 β 系数是衡量风险大小的重要指标,下列表述中正确的有(　　　　　)。

　　A. β 越大,说明该股票的风险越大

　　B. β 越小,说明该股票的风险越大

　　C. 某股票的 $\beta=1$,说明该股票的市场风险等于股票市场的平均风险

　　D. 某股票的 $\beta>1$,说明该股票的市场风险大于股票市场的平均风险

四、业务题

1. 2024 年 2 月,A 公司购买某上市公司的股票,其购买价格为 60 元/股,2025 年 1 月 A 公司持有该股票获得现金股利为 2 元/股,2025 年 2 月 A 公司以 70 元/股的价格出售该股票。

　　要求:计算该股票的投资收益率。

2. 某种股票为固定成长股票,年增长率为 5%,预期 1 年后的股利为 6 元。现行国债的收益率为 11%,平均风险股票的必要收益率等于 16%,该股票的 β 系数为 1.2。

　　要求:计算该股票的价值。

3. 永安公司打算投资于 B 公司的普通股,预计第 1 年股利为 4 元,每年以 4% 的增长率增长。永安公司的必要报酬率为 6%。

　　要求:计算只有该股票价格不高于多少时才应投资 B 公司?

4. 某股东持有 K 公司股票 100 股,每股面值 100 元,投资最低报酬率为 20%。预期该公司未来 3 年股利呈零增长,每期股利 20 元。预计从第 4 年起转为正常增长,增长率为 10%。

　　要求:计算该公司股票的价值。

5. 华泰公司购买面值 10 万元,票面年利率 5%,期限为 10 年的债券。每年 1 月 1 日付息,当时市场年利率为 7%。

　　要求:

　　(1) 计算该债券价值。

　　(2) 若该债券市价是 92 000 元,是否值得购买?

　　(3) 若按市价购入了该债券,并一直持有至到期日,则此时购买债券的到期收益率是多少?

6. 振兴企业于 2025 年 1 月 5 日以每张 1 080 元的价格购买 Y 企业发行的利随本清的企业债券。该债券的面值为 1 000 元,期限为 3 年,票面年利率为 10%,不计复利。购买时市场年利率为 8%。不考虑所得税。

　　要求:

　　(1) 利用债券估价模型评价振兴企业购买该债券是否合算?

（2）如果振兴企业于 2026 年 1 月 5 日将该债券以 1 200 元的市价出售,计算该债券的投资收益率。

7. 甲企业于 2025 年 1 月 10 日以每张 1 050 元的价格购买乙企业发行的利随本清的企业债券。该债券的面值为 1 000 元,期限为 3 年,票面年利率为 10%,不计复利。购买时市场年利率为 8%。不考虑所得税。

要求:

（1）利用债券估价模型评价甲企业购买此债券是否合算?

（2）如果甲企业于 2027 年 1 月 10 日将该债券以 1 190 元的市价出售,计算该债券的投资收益率。

8. 预计 ABC 公司明年的税后利润为 1 000 万元,发行在外普通股为 600 万股,假设公司税后利润的逐年增长率为 8%,投资人要求的必要报酬率为 12%,预计 ABC 公司未来始终保持净利润的 60% 用于发放股利,公司未来没有增发股票计划。

要求:用股票估价模型计算其股票价值。

9. A 公司欲在市场上购买 B 公司曾在 2025 年 1 月 1 日平价发行的债券,每张面值 1 000 元,票面年利率 10%,5 年后到期,每年 12 月 31 日付息。

要求:

（1）假定 2029 年 1 月 1 日的市场年利率下降到 6%,若 A 公司在此时欲购买 B 公司债券,则债券的价格为多少时才可购买?

（2）假定 2029 年 1 月 1 日市场年利率为 12%,此时债券市价 950 元,是否购买该债券?

10. 假定无风险报酬率为 10%,市场投资组合的必要报酬率为 15%,股票 A 的 β 系数为 1.6。

要求:

（1）若下年度的预期股利为 2.50 元,且股利成长率固定为每年 4%,计算股票 A 的每股价格。

（2）若无风险报酬由 10% 降为 8%,则股票 A 的股价会发生什么变化?

（3）若市场投资组合的必要报酬率由 15% 下降到 12%,计算此时股票 A 的股价。

（4）若 A 公司改变经营策略,使该公司的固定股利成长率由 4% 上升为 6%,而 β 系数也由 1.6 下降到 1.4。那么,在发生了上述变化后,计算股票 A 的价格。

11. A 公司拟发行面值为 1 000 元,票面年利率为 12%,期限为 3 年的债券。假如 B 公司于发行日按市场年利率为 15% 的发行价格购入该债券。

要求:

（1）计算该债券当市场年利率为 15% 时的发行价格。

（2）计算 B 公司此时购买该债券至最终到期偿还日止的最终收益率。

五、思考题

1. 企业进行证券投资的目的是什么? 证券投资的风险因素有哪些?

2. 如何对债券价值和股票价值进行估价? 如何确定债券和股票的投资收益率?

3. 企业债券投资和股票投资有何不同特点?

4. 证券投资组合的风险有哪些? 如何计量证券投资组合风险及预期收益率?

项目实训

项目实训六　项目投资现金流量估算模拟实训

一、实训目的

通过本项目实训,可以深入理解现金流量在投资决策中的作用和意义,初步掌握现金流量的计算与分析方法。会编制企业投资项目现金流量分析表。

二、实训准备

(1) 必备知识:理解和掌握现金流入量、现金流出量和净现金流量的估算与分析方法。

(2) 相关知识:影响企业项目投资未来现金流量的因素,以及在分析项目投资现金流量时应该考虑的相关因素,如折旧和所得税等因素。

三、实训材料

某公司因业务发展需要,准备购入一套设备。现有甲、乙两个方案可供选择:

甲方案:需要投资 20 万元,使用寿命为 5 年,采用直线法计提折旧,5 年后设备无残值。5 年中每年销售收入为 8 万元,每年的付现成本为 3 万元。乙方案:需要投资 24 万元,也采用直线法计提折旧,使用寿命也为 5 年,5 年后有残值 4 万元。5 年中每年的销售收入为 10 万元,付现成本第 1 年为 4 万元,以后随着设备不断折旧,逐年增加日常修理费 2 000 元,另需垫支营运资金 3 万元。假设所得税税率为 25%,资本成本为 10%。

四、实训步骤

(1) 根据资料,分别计算甲、乙两个方案的每年折旧额。

(2) 根据资料,计算编制两个方案的营业现金流量表。

(3) 结合初始现金流量和终结现金流量,编制两个方案的全部现金流量表(也可以按照教材,编制全部投资项目的现金流量表)。

五、讨论交流

根据以上编制的两个投资项目的现金流量表,请思考:

(1) 投资项目在计算期内的不同阶段现金流量有何不同特点? 各自包括哪些内容?

(2) 净现金流量与会计利润有何联系与区别? 计算项目现金流量时应注意哪些问题?

项目实训七　企业新投资项目决策案例分析
——判断建民葡萄酒厂新建生产线的可行性

一、实训目的

通过本项目实训,能较熟练运用项目投资分析原理针对不同的投资项目进行定量分析和决策。

二、实训资料

建民葡萄酒厂是生产葡萄酒的中型企业,该厂生产的葡萄酒酒香纯正,价格合理,长期以来供不应求。为了扩大生产能力,建民葡萄酒厂准备新建一条生产线。

李伟是该厂的助理会计师,主要负责筹资和投资工作。总会计师王利要求李伟收集建设新生产线的有关资料,并对投资项目进行财务评价,以供厂领导决策考虑。

李伟经过十几天的调查研究,得到以下有关资料:

(1) 投资新的生产线需一次性投入 1 000 万元,建设期 1 年,预计可使用 10 年,报废时无残值收入;按税法要求该生产线的折旧年限为 8 年,使用直线法计提折旧,残值率为 10%。

(2) 购置设备所需的资金通过银行借款筹措,借款期限为 4 年,每年年末支付利息 100 万元,第 4 年年末用税后利润偿付本金。

(3) 该生产线投入使用后,预计可使工厂在第 1—5 年的销售收入每年增长 1 000 万元,第 6—10 年的销售收入每年增长 800 万元,耗用的人工和原材料等成本为收入的 60%。

(4) 生产线建设期满后,工厂还需垫支流动资金 200 万元。

(5) 所得税税率为 25%。

(6) 银行借款的资本成本为 10%。

三、思考与讨论

(1) 预测新的生产线投入使用后,该厂未来 10 年增加的净利润。

(2) 预测该项目各年的现金流量。

(3) 计算该项目的净现值,以评价项目是否可行。

项目实训八　投资决策方案模拟设计

一、实训目的

通过本项目实训,了解投资项目决策的基本程序和方法,掌握项目投资的现金流量的评估方法、投资项目决策评价指标的计算与分析,能够运用风险分析方法对风险项目投资作出决策。

二、实训任务

在教师的指导下,分小组对拟定的同一个投资项目,运用所学的项目投资决策的分析评价指标和风险分析方法,完成一份项目投资方案计划书。具体要求如下:

(1) 以设立的创业基金 30 万元为限额,各实训小组提出自己的项目投资计划初步方案。

(2) 利用实验室网络收集相关数据资料,进行市场分析和预测,根据投资规模、风险、经营管理和措施等因素,预测项目未来的现金流量。

(3) 运用投资回收期、净现值、内含报酬率等指标对投资项目进行投资决策。

(4) 撰写一份内容完整、目标明确、步骤严密、文字通顺、条理清晰的投资计划书(不少于 3 000 字)。

三、实训准备

(1) 知识准备:项目投资分析的一般程序与方法,项目投资决策评价指标的计算与分析方法,项目投资风险因素分析方法,以及其他影响项目投资决策的因素分析等。

(2)组织准备:任课教师提前布置实训任务,进行分组并确立小组长,由小组长在老师指导下进行组员分工。

(3)实训指导:教师可通过案例教学的方法,介绍实际项目投资决策分析案例,以此对学生实训的操作过程和方法进行指导。

四、实训材料

由各小组根据需要,收集相关资料。

五、实训步骤

(1)收集相关数据资料,拟订项目投资可行性方案。

(2)项目投资可行性方案的分析与评价,完成项目投资计划书。

(3)班级交流、教师点评、项目选优。各小组完善项目投资计划书,并在课堂交流,展示各自方案,小组相互打分,教师点评,最终评选出"项目投资方案优胜者",决定创业基金去向。

六、实训考核

项目实训后,指导教师对各个小组提交的项目投资计划书和实训过程的表现给予考核与评价。具体可从以下方面给予评价:

(1)投资项目的影响因素分析。

(2)可行性方案与现金流量的估算。

(3)投资项目决策指标的计算,决策分析方法的运用。

(4)投资项目计划书的格式和规范。

(5)在小组汇报交流中的表现(分析问题解决问题的能力、创新思维和能力)。

项目实训九　证券投资组合策略案例分析——万利公司的投资选择

一、实训目的

通过本案例的分析,初步了解并掌握分散证券投资风险的策略和方法,培养投资组合的理念和决策能力。

二、实训资料

万利公司是一个经济实力非常强的大型家电生产企业。多年来,其产品一直有效占领着国内外销售市场。近年来,由于市场竞争的不断加剧,企业的生产经营面临着一些实际困难,经济效益开始出现下滑的迹象。为使企业走出困境,把有限的资金用在刀刃上,2025年年初,公司领导召开会议,集体通过了"以销定产的产品销售计划,并利用手中多余资金1 500万元对外投资,以获投资效益"的决定。在会上,围绕这一决定,专门组织安排了10名调查人员进行市场调研。

经分析、整理调研资料,拟定可供公司选择的投资对象如下:

(1)国家发行7年期国债,每年付息一次,且实行浮动利率。第1年利率为2.63%,以后每年按当年银行存款利率加利率差0.32%计算利息。

（2）汽车集团发行 5 年期重点企业债券,票面年利率为 10％,每半年付息一次。

（3）秋兰股份,中期预测每股收益 0.45 元,股票市场价格 22.50 元/股。总股本 30 631 万股,流通股 7 979 万股。公司主营业务为:设计制造空调制冷产品,空调使用红外遥控。财务状况十分稳健,公司业绩良好,但成长性不佳。秋兰股份的星级评定为"★"。近 3 年财务数据及市场表现如表 4-6 所示。

表 4-6　秋兰股份近 3 年财务数据及市场表现表

财务指标	2024 年	2023 年	2022 年
营业收入/万元	194 737	191 431	16 215
净利润/万元	26 494	27 204	24 966
扣除后净利润/万元	26 290	27 204	24 966
总资产/万元	232 372	194 198	136 493
股东权益/万元	153 660	141 690	80 310
每股收益/元	0.865	1.15	1.57
扣除后每股收益/元	0.86	1.24	1.65
每股净资产/元	5.02	6.01	5.07
每股现金流量/元	0.11	0.51	
净资产收益率/％	17.24	19.2	31.09

（4）致力电器,中期预测每股收益 0.40 元,股票市场价格为 17.00 元/股。总股本 29 617 万股,流通股 21 676 万股。公司主营业务为:家用空调器、电风扇、清洁卫生器具。公司空调产销量居国内第一位,有行业领先优势,尤其是出口增长迅速,比去年出口增长 70.7％,经营业绩稳定增长。致力电器的星级评定为"★"。近 3 年财务数据及市场表现如表 4-7 所示。

表 4-7　致力电器近 3 年财务数据及市场表现表

财务指标	2024 年	2023 年	2022 年
营业收入/万元	516 564	429 814	345 166
净利润/万元	22 916	21 508	21 025
扣除后净利润/万元	22 916	21 508	21 025
总资产/万元	342 386	292 591	198 158
股东权益/万元	105 724	95 814	60 225
每股收益/元	0.705	0.66	1.4
每股净资产/元	3.25	2.94	4.01
每股现金流量/元	1.08	1.75	
净资产收益率/％	21.68	22.45	34.91

（5）中工科技,中期预测每股收益 0.10 元,股票市场价格为 68 元/股。总股本 11 500 万股,流通股 3 000 万股。公司主营业务为:激光器、激光加工设备及成套设备、激光医疗设备等。该股科技含量高,成长性好。中工科技的星级评定为"★★"。近 3 年财务数据及市场表

现如表 4-8 所示。

表 4-8　　　　　　　中工科技近 3 年财务数据及市场表现表

财务指标	2024 年	2023 年	2022 年
营业收入/万元	9 340	8 133	5 798
净利润/万元	3 056	2 221	1 845
总资产/万元	18 051	13 515	11 878
股东权益/万元	14 152	10 625	9 573
每股收益/元	0.27	0.26	0.22
每股净资产/元	1.67	1.25	1.33
净资产收益率/%	21.59	20.91	19.27

4

三、实训要求

（1）根据案例资料，如果企业为了扩大经营规模实现规模效应，面对上述可供选择的投资方案应如何进行投资组合，且分散或避免投资风险？

（2）根据案例资料，如果企业仅为获得投资收益，面对上述可供选择的投资方案应如何进行投资组合，且分散或避免投资风险？

项目五　筹资决策

学 习 指 导

一、知识结构图

本项目"筹资决策"的主要知识结构如图 5-1 所示。

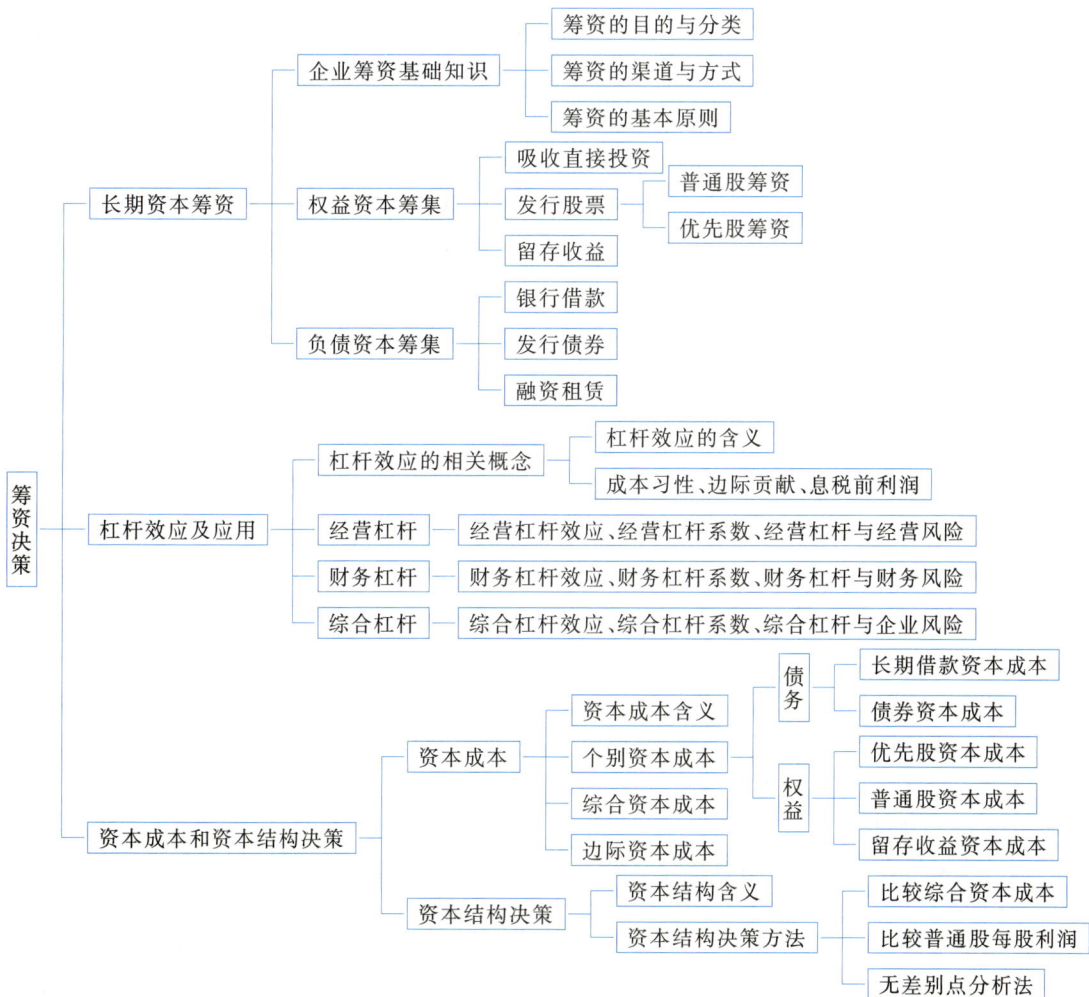

图 5-1　"筹资决策"知识结构图

二、重点难点解析
（一）长期资本筹集

企业筹资是指根据其项目投资、证券投资或对外直接投资以及调整资本结构等活动对资金的需要，通过筹资渠道和资本市场，并运用筹资方式，经济有效地筹集企业所需资金的财务活动。企业筹资管理的目的就是要以较小的筹资风险、较低的筹资成本，从质与量两个方面筹集企业所需要的资金。

1. 长期资本筹集方式与优缺点

企业筹资按照资金来源主要包括权益资本和负债资本。权益资本也称为自有资本，是企业资金的最主要来源，是企业筹集债务资金的前提与基础，可以通过吸收直接投资、发行股票和内部积累等方式筹集。权益资本的优点是：可以增强企业信誉，降低企业财务风险；缺点是：资本成本高，同时新投资者加入分散了原所有者控制权。负债资本也称借入资本，可以通过长期银行借款、发行债券和融资租赁等方式筹集。负债资本的优点是：成本较低，不会分散所有者控制权，在经济效益好的时候，负债经营可以为股东带来更多的利益；缺点是：增加了财务风险，筹集资金数额会受到一定条件限制。

2. 普通股发行价格

根据我国股票发行的有关规定，禁止股票折价发行。因此，普通股的发行价格可以按照不同情况采取两种办法：一是按票面金额等价发行；二是按高于票面金额的价格发行，即溢价发行。增发新股的发行价格则需根据公司盈利能力和资产增值水平加以确定，主要有以下三种：

（1）以未来股利计算：

$$每股价格 = \frac{预算股利}{利息率} = \frac{票面价值 \times 股利率}{利息率}$$

公式中的利息率最好使用金融市场平均利率，也可用投资者的期望报酬率。

（2）以市盈率计算：

$$每股价格 = 每股税后利润 \times 合适的市盈率$$

（3）以资产净值计算：

$$每股价格 = \frac{资产总额 - 负债总额}{普通股总股数} = \frac{所有者权益}{普通股总股数}$$

不论用以上三种方法中的哪一种，如果计算得到的结果低于股票面值，那么股票的发行价格就应为股票面值。

3. 债券的发行价格

债券的发行价格有三种：一是按债券面值等价发行，也叫面值发行；二是按低于债券面值折价发行；三是按高于债券面值溢价发行。债券之所以会偏离面值发行是因为债券票面利率与金融市场平均利率不一致。当债券利率大于市场利率，则未来利息多计，导致债券内在价值大而应采用溢价方式发行。当债券利率小于市场利率，则未来利息少计，导致债券内在价值小而应采用折价方式发行。这是基于债券发行价格应该与它的价值贴近的原理。债券溢价、折价可依据资金时间价值原理算出的内在价值确定。

（1）在按期付息，到期一次还本，且不考虑发行费用的情况下，债券发行价格的计算公式为：

$$债券发行价格 = \frac{票面金额}{(1+市场利率)^n} + \sum_{t=1}^{n}\frac{票面金额 \times 票面利率}{(1+市场利率)^t}$$

$$= 票面金额 \times (P/F, i_1, n) + 票面金额 \times i_2 \times (P/A, i_1, n)$$

式中：n 为债券期限；i_1 为市场利率；i_2 为票面利率。

（2）若企业发行不计复利、到期一次还本付息的债券，则其发行价格的计算公式为：

$$债券发行价格 = \frac{票面金额 \times (1+票面利率 \times n)}{(1+市场利率)^n}$$

$$= 票面金额 \times (1 + i_2 \times n) \times (P/F, i_1, n)$$

（二）财务管理杠杆效应的计算

财务管理杠杆效应计算公式汇总如表 5-1 所示。

表 5-1　　　　　　　　　　财务管理杠杆效应计算公式汇总表

项　　目	公　　式	意　　义
总成本习性模型	$y = a + bx$	成本总额与业务量之间在数量上的依存关系
边际贡献（M）	$M = px - bx = (p-b)x = mx$	边际贡献等于销售收入减去变动成本以后的差额
息税前利润（EBIT）	$EBIT = px - bx - a = (p-b)x - a$ $= M - a$	息税前利润是指企业支付利息和缴纳所得税之前的利润，它等于边际贡献减去固定成本
经营杠杆系数（DOL）	（1）$DOL = (\Delta EBIT/EBIT_0)$ $\div(\Delta x/x_0)$ （2）$DOL = T_{cm_0}/EBIT_0$ $= T_{cm_0}/(T_{cm_0} - a)$	❶ 为定义公式，是指息税前利润的变动率相对于销售量变动率的倍数。系数越大，经营风险也大；反之越小 ❷ 为推导公式，可以根据基期数据计算：基期边际贡献÷基期息税前利润；或：基期边际贡献÷（基期边际贡献－固定成本）
财务杠杆系数（DFL）	（1）$DFL = (\Delta EPS/EPS_0)$ $\div(\Delta EBIT/EBIT_0)$ （2）$DFL = EBIT_0/(EBIT_0 - I)$	❶ 为定义公式，是指每股利润的变动率相对于息税前利润变动率的倍数。系数越大，财务风险越大；反之越小 ❷ 为推导公式，可以根据基期数据计算：基期息税前利润÷基期税前利润
综合杠杆系数（DTL）	（1）$DTL = (\Delta EPS/EPS_0)$ $\div(\Delta x/x_0)$ （2）$DTL = DOL \times DFL$ $= T_{cm_0}/[EBIT_0 - I - E/(1-t)]$ $= T_{cm_0}/(EBIT_0 - I)$（当不存在 E 时）	❶ 为定义公式，也称复合杠杆系数，又称总杠杆系数，是指普通股每股利润的变动率相对于销售量变动率的倍数。系数越大，联合风险越大；反之越小 ❷ 为推导公式，是经营杠杆系数和财务杠杆系数的乘积。或者简化后，根据基期数据计算：基期边际贡献÷（基期息税前利润－利息）（当不存在优先股时）

（三）资本成本与资本结构决策

1. 资本成本

资本成本计算公式汇总如表 5-2 所示。

表 5-2　　　　　　　　　　　　　　**资本成本计算公式汇总表**

项　　目	公　　式	意　　义
资本成本 (K)	$K = D \div [P(1-f)]$	为资本成本的定义公式。 资本成本＝用资费用÷[筹资总额×（1－筹资费用）]
长期借款资本成本 (K_l)	$K_l = \dfrac{I_l(1-T)}{L_l(1-f_l)} = \dfrac{i_l(1-T)}{(1-f)}$	长期借款成本为实付利息与借款净额之比。借款利息在税前支付，具有抵税效应
债券资本成本 (K_b)	$K_b = \dfrac{I_b(1-T)}{B_0(1-f_b)} = \dfrac{B \times i_b \times (1-T)}{B_0(1-f_b)}$	债券资本成本为实付利息与债券筹资净额之比（债券利息税前支付，具有抵税效应）
优先股资本成本 (K_P)	$K_P = \dfrac{D_P}{P_P(1-f_P)}$	优先股资本成本为固定股利与优先股筹资净额之比（股利税后支付，没有抵税效应）
普通股资本成本 (K_c)	(1) $V_0 = \displaystyle\sum_{t=1}^{n} \dfrac{D_t}{(1-K_c)^t} + \dfrac{V_t}{(1-K_c)^n}$ 上式可以简化为：$V_0 = \displaystyle\sum_{t=1}^{n} \dfrac{D_t}{(1-K_c)^t}$ (2) $K_c = \dfrac{D}{V_0(1-f_c)}$ (3) $K_c = \dfrac{D_1}{V_0(1-f_c)} + g$	❶ 当股利支付率随经营状况变动时，根据一般估价模型计算 ❷ 当股利固定不变时，根据固定股利股票估计模型计算 ❸ 当股利按照一个固定比率 g 增长时，按照股利固定增长股票估计模型计算（D_1 为第一年股利）
留存收益资本成本 (K_r)	(1) 股利固定不变：$K_r = \dfrac{D_1}{V_0}$ (2) 股利固定增长：$K_r = \dfrac{D_1}{V_0} + g$	留存收益资本成本可参照普通股资本成本，但它不会发生筹资费用
综合资本成本 (K_w)	$K_w = \displaystyle\sum_{j=1}^{n} K_j W_j$	综合资本成本是以各种资本所占的比重为权数，对各种资本成本进行加权平均计算出来的，所以又称加权平均资本成本
边际资本成本 (K_m)	(1) 计算筹资总额的分界点（突破点）：$BP_j = \dfrac{TF_j}{W_j}$ (2) 计算各筹资总额范围的边际资本成本	边际资本成本是指资金每增加一个单位而增加的成本。当企业需要追加筹措资金时应考虑边际资本成本的高低

2. 资本结构决策

　　资本结构是指企业各种来源的长期资金的构成及其比例关系。最优资本结构是指在一定条件下使企业加权平均资本成本最低、企业价值最大的资本结构。资本结构决策方法主要有比较综合资本成本法、比较普通股每股利润和无差别点分析法（也可称 EBIT-EPS 分析法）。上述三种优化资本结构的方法适用于不同的情况。比较综合资本成本法适用于各个别资本成本已知或可计算的情况；比较普通股每股利润适用于息税前利润可明确预见的情况；无差别点分析法适用于息税前利润不能明确预见，但可估测大致范围的情况。

知识小结：
项目五

习　题

任务一　长期资本筹集认知

一、判断题

1. 吸收投资中的出资者都是企业的所有者,但他们对企业并不一定具有经营管理权。（　　）

2. 所有者权益是企业可以使用的资本,因此所有者权益就是资本金。（　　）

3. 我国《公司法》规定,发行普通股股票既可以按票面金额等价发行,也可以偏离票面金额按溢价、折价发行。（　　）

4. 经营性租赁和融资性租赁都是租赁,它们在会计处理上是没有区别的。（　　）

5. 企业资金的来源只有两种:投资人提供的权益资金、债权人提供的负债资金。（　　）

6. 吸收直接投资按投资主体的不同,可将资本金分为国家资本金、法人资本金、个人资本金和外商资本金。（　　）

7. 债券面值应包括两个基本内容:币种和票面金额。（　　）

8. 债券利息和优先股股利都作为财务费用,在税前支付。（　　）

9. 资本成本与资金时间价值是既有联系,又有区别。（　　）

10. 留存收益是企业经营中的内部积累,这种资金不是向外界筹措的,因此它不存在资本成本。（　　）

11. 根据我国股票发行的有关规定,禁止股票折价发行,并且规定股票的发行价格在同一次发行中不能改变。（　　）

二、单项选择题

1. 下列不属于普通股筹资优点的是（　　）。
   A. 具有永久性,无须偿还　　　　　B. 无固定的利息负担
   C. 资本成本较低　　　　　　　　　D. 能增强公司的举债能力

2. 相对于负债融资方式而言,采用吸收直接投资方式筹措资金的优点是（　　）。
   A. 有利于降低资本成本　　　　　　B. 有利于集中企业控制权
   C. 有利于降低财务风险　　　　　　D. 有利于发挥财务杠杆作用

3. 银行借款筹资与发行债券筹资相比,其特点是（　　）。
   A. 利息费用能抵税　　　　　　　　B. 筹资灵活性大
   C. 筹资费用大　　　　　　　　　　D. 债务利息高

4. 某公司拟发行 5 年期债券进行筹资,债券票面金额为 100 元,票面年利率为 12%,而当时市场年利率为 10%,那么,该公司债券发行价格应为（　　）元。
   A. 93.22　　　　B. 100　　　　C. 105.35　　　　D. 107.58

5. 出租人既出租某项资产,又以该项资产为担保借入资金的租赁方式是（　　）。
   A. 经营租赁　　　　B. 售后回租　　　　C. 杠杆租赁　　　　D. 直接租赁

6. 下列各项中,不属于融资租赁租金构成项目的是（　　）。
   A. 租赁设备的价款　　　　　　　　B. 租赁期间利息
   C. 租赁手续费　　　　　　　　　　D. 租赁设备维护费

5

7.融资租赁与经营租赁所有权的特点是（   ）。

A.融资租赁属出租方,经营租赁属承租方

B.两者都属于出租方

C.两者都属于承租方

D.融资租赁实质属承租方,经营租赁属出租方

8.下列关于普通股股东主要权利的表述中,不正确的是（   ）。

A.拥有优先认购新股的权利

B.拥有分配公司剩余财产的权利

C.拥有优先分配股利的权利

D.拥有对公司账目和股东大会决议的审查权和对公司事务的质询权

9.下列不属于负债资金筹措方式的是（   ）。

A.利用留存收益　　B.向银行借款　　C.利用商业信用　　D.融资租赁

10.在杠杆租赁方式下,（   ）具有三重身份,即资产所有权人、出租人和债务人。

A.承租人　　　　B.出租人　　　　C.资金出借人　　　D.资金借入人

11.不能作为融资手段的租赁方式是（   ）。

A.直接租赁　　　B.杠杆租赁　　　C.经营租赁　　　D.售后租赁

三、多项选择题

5

1.银行借款的特点包括（   ）。

A.限制性条款多,因此融资速度较慢　　B.借款灵活性大

C.借款成本低　　　　　　　　　　　　D.借款成本高

2.影响债券发行价格的因素包括（   ）。

A.债券面额　　　B.票面利率　　　C.市场利率　　　D.债券期限

3.普通股股东所拥有的权利包括（   ）。

A.分享盈利权　　　　　　　　　　　B.优先认股权

C.转让股份权　　　　　　　　　　　D.优先分配剩余资产权

4.相对于权益资金的筹资方式而言,银行借款筹资的缺点主要有（   ）。

A.财务风险较大　　　　　　　　　　B.资本成本较高

C.筹资数额有限　　　　　　　　　　D.筹资速度较慢

5.与股票筹资方式相比,银行借款筹资的优点包括（   ）。

A.筹资速度快　　　B.借款灵活性大　　C.使用限制少　　D.筹资成本低

6.以下各项中,属于普通股筹资特点的有（   ）。

A.没有固定的利息负担　　　　　　　B.筹资数量有限

C.资本成本较高　　　　　　　　　　D.能增强公司信誉

7.负债筹资与权益筹资相比,其缺点主要有（   ）。

A.资本成本较高　　　　　　　　　　B.具有使用上的时间性

C.形成企业固定负担　　　　　　　　D.财务风险较大

8.企业筹资必须遵循的原则包括（   ）。

A.效益性原则　　　　　　　　　　　B.及时性原则

C.合理性原则　　　　　　　　　　　D.优化资金结构原则

9. 吸收直接投资中的出资方式,主要有( )。

    A. 以现金出资   B. 以实物出资

    C. 以工业产权出资   D. 以土地使用权出资

10. 优先股筹资的优点有( )。

    A. 不用偿还本金   B. 股利支付既固定,又有一定弹性

    C. 筹资限制少   D. 有利于增强公司信誉

11. 融资租赁可分为( )。

    A. 售后租回   B. 直接租赁   C. 杠杆租赁   D. 经营租赁

12. 相对于发行债券筹资而言,公司发行股票筹集资金的优点有( )。

    A. 增强公司筹资能力   B. 降低公司财务风险

    C. 降低公司资本成本   D. 筹资限制较少

13. 吸收直接投资的优点有( )。

    A. 能提高企业的信誉和借款能力   B. 财务风险较小

    C. 资本成本低   D. 不会分散企业控制权

14. 企业资产租赁按其性质有( )。

    A. 短期租赁   B. 长期租赁   C. 经营租赁   D. 融资租赁

15. 公司增发新股时,其发行价格的确定方法通常有( )。

    A. 以市盈率计算 B. 以资产净值计算 C. 以每股利润计算 D. 以未来股利计算

16. 融资租赁的租金包括( )。

    A. 设备价款   B. 设备租赁期间利息

    C. 租赁手续费   D. 折旧

四、业务题

1. 某企业发行3年期企业债券,面值为1 000元,票面年利率为10%,每年年末付息一次。

要求:分别计算市场利率为8%、10%、12%时每张债券的发行价格。

2. 某企业向租赁公司融资租入一套设备,该设备原价为120万元,租赁期为5年,预计租赁期满时残值为6万元,年利率按8%计算,手续费为设备原价的1.5%,租金每年年末支付。

要求:按平均分摊法计算该企业每年应付租金的数额。

3. 某企业为扩大经营规模融资租入一台机床,该机床的市价为200万元,租期10年,期满转让价为10万元,年利率为10%,手续费为设备原价的5%。

要求:

(1) 如果采用等额年金法,每年年末支付,则每期租金为多少?

(2) 如果采用等额年金法,每年年初支付,则每期租金为多少?

五、思考题

1. 企业筹资的目的与要求是什么?应遵循哪些基本原则?

2. 企业有哪些筹资渠道与方式?筹资渠道与方式之间有何联系?

3. 普通股筹资与债券筹资的特点有何不同?如何确定股票和债券发行价格?

4. 融资租赁有何特点?有哪些形式?融资租赁的租金如何确定?

任务二　杠杆效应及应用

一、判断题

1. 在筹资额和利息(股息)率相同时,企业借款筹资与发行优先股筹资的财务杠杆作用是相同的。　　　　　　　　　　　　　　　　　　　　　　　　　　　(　　)

2. 在其他因素不变的情况下,固定成本越大,经营杠杆系数就越大,经营风险也越大。　　　　　　　　　　　　　　　　　　　　　　　　　　　　　　　(　　)

3. 如果企业的债务资金为零,则财务杠杆系数必等于1。　　　　　　　(　　)

4. 一个企业的经营杠杆系数和财务杠杆系数都有可能等于1。　　　　(　　)

5. 企业负债比例越高,财务风险越大,因此负债对企业总是不利的。　(　　)

二、单项选择题

1. 某公司财务杠杆系数等于1,这表明该公司当期(　　)。
　　A. 利息与优先股股息为零　　　　　　B. 利息为零,而有无优先股股息无法确定
　　C. 利息与息税前利润为零　　　　　　D. 利息与固定成本为零

2. 只要企业存在固定成本,则经营杠杆系数必(　　)。
　　A. 与销售量成正比　　　　　　　　　B. 与固定成本成反比
　　C. 恒大于1　　　　　　　　　　　　　D. 与风险成反比

3. 财务杠杆系数影响企业的(　　)。
　　A. 税前利润　　　B. 息税前利润　　　C. 税后利润　　　D. 财务费用

4. 某公司全部资本为150万元,负债比率为40%,负债资本成本为10%,当销售额为130万元时,息税前利润为25万元,则该公司的财务杠杆系数为(　　)。
　　A. 1.32　　　　　B. 1.26　　　　　　C. 1.5　　　　　　D. 1.56

5. 不存在财务杠杆作用的筹资方式是(　　)。
　　A. 发行普通股　　B. 发行优先股　　　C. 发行债券　　　D. 举借银行借款

6. 某企业在不发行优先股的情况下,本期财务杠杆系数为2,本期利息税前利润为400万元,则本期实际利息费用为(　　)万元。
　　A. 200　　　　　B. 300　　　　　　C. 400　　　　　　D. 250

7. 企业全部资金中,股权资金占50%,负债资金占50%,则企业(　　)。
　　A. 只存在经营风险　　　　　　　　　B. 只存在财务风险
　　C. 存在经营风险和财务风险　　　　　D. 经营风险和财务风险可以相互抵消

8. 某公司的经营杠杆系数为2,预计息税前利润将增长10%,在其他条件不变的情况下,销售量将增长(　　)。
　　A. 5%　　　　　B. 10%　　　　　　C. 15%　　　　　　D. 20%

9. 下列各项中,不影响经营杠杆系数的是(　　)。
　　A. 产品销售数量　　B. 产品销售价格　　C. 固定成本　　D. 利息费用

10. 如果企业的资金来源全部为权益资金,且没有优先股存在,则企业财务杠杆系数(　　)。
　　A. 等于0　　　　B. 等于1　　　　　C. 大于1　　　　　D. 小于1

11. 某公司的经营杠杆系数为1.8,财务杠杆系数为1.5,则该公司销售额每增长1倍,就会造成每股利润增加(　　)倍。
　　A. 1.2　　　　　B. 1.5　　　　　　C. 0.3　　　　　　D. 2.7

12. 某公司年营业收入为 500 万元,变动成本为 200 万元,经营杠杆系数为 1.5,财务杠杆系数为 3。如果固定成本增加 50 万元。那么,复合杠杆系数将变为(　　　)。

    A. 2.4　　　　　　B. 6　　　　　　C. 3　　　　　　D. 8

13. 某企业本年的息税前利润为 5 000 万元,本年利息为 500 万元,优先股股利为 400 万元,所得税税率为 25%,则该企业下年度财务杠杆系数为(　　　)。

    A. 1　　　　　　B. 1.11　　　　　C. 1.22　　　　　D. 1.33

三、多项选择题

1. 综合杠杆系数的作用在于(　　　　　　)。

    A. 用来估计销售额变动对息税前利润的影响

    B. 用来估计销售额变动对每股盈余造成的影响

    C. 揭示企业面临的风险对企业投资的影响

    D. 揭示经营杠杆与财务杠杆之间的相互关系

2. 利用每股利润无差异点进行企业资金结构分析时,(　　　　　　)。

    A. 当预计息税前利润等于每股利润无差异点时,采用权益筹资方式和采用负债筹资方式的报酬率相同

    B. 当预计息税前利润高于每股利润无差异点时,采用负债筹资方式比采用权益筹资方式有利

    C. 当预计息税前利润低于每股利润无差异点时,采用权益筹资方式比采用负债筹资方式有利

    D. 当预计息税前利润低于每股利润无差异点时,采用负债筹资方式比采用权益筹资方式有利

3. 负债资金在资金结构中产生的影响有(　　　　　　)。

    A. 降低企业资本成本　　　　　　　　B. 加大企业财务风险

    C. 具有财务杠杆作用　　　　　　　　D. 分散股东控制权

4. 下列各项中,影响综合杠杆系数变动的因素有(　　　　　　)。

    A. 固定成本　　　　B. 单位边际贡献　　　C. 产销量　　　　D. 固定利息

5. 下列各项中,影响财务杠杆系数的因素有(　　　　　　)。

    A. 产品边际贡献总额　　　　　　　　B. 所得税税率

    C. 固定成本　　　　　　　　　　　　D. 财务费用

6. 下列项目中,同综合杠杆系数成正比例变动的有(　　　　　　)。

    A. 每股利润变动率　　　　　　　　　B. 产销量变动率

    C. 经营杠杆系数　　　　　　　　　　D. 财务杠杆系数

四、业务题

1. 某企业有资产 2 000 万元,其中负债 800 万元,利率 7%;普通股股票 120 万股,每股发行价格为 10 元。企业本年度的息税前利润为 400 万元,所得税税率为 25%。

要求:

(1) 计算企业的财务杠杆系数和每股利润。

(2) 若息税前利润增长 20%,则每股利润为多少?

(3) 若每股利润增长 30%，则息税前利润应为多少？

2. 某公司 2024 年销售产品 10 万件，单价 50 元，单位变动成本 30 元，固定成本总额 100 万元。公司负债 60 万元，年利率为 12%，并需每年支付优先股股利 10 万元，所得税税率为 25%。

要求：

(1) 计算 2024 年边际贡献。

(2) 计算 2024 年息税前利润总额。

(3) 计算该公司 2025 年综合杠杆系数。

3. A 公司 2023 年度、2024 年度有关资料如表 5-3 所示。

表 5-3 　　　　　　　　　A 公司 2023—2024 年度有关资料表 　　　　　　　　　单位：元

项　　目	2023 年度	2024 年度	变动率
销售收入	20 000 000	24 000 000	20%
变动成本（变动成本率 50%）	10 000 000	12 000 000	20%
固定成本	8 000 000	8 000 000	0
息税前利润	2 000 000	4 000 000	100%
利息	1 200 000	1 200 000	0
税前利润	800 000	2 800 000	250%
所得税（税率 25%）	200 000	700 000	250%
净利润	600 000	2 100 000	250%
每股利润（普通股 1 万股）	60	210	250%

要求：根据表 5-3 的资料，计算经营杠杆、财务杠杆、综合杠杆。

4. 某公司 2023 年度资金总额 800 万元，股本 500 万元，其余为负债，年利率为 8%，当年实现息税前利润 30 万元，企业所得税税率为 25%（在外流通普通股 10 000 股）。2024 年度息税前利润增长 40%。

要求：计算 2024 年度税前利润及财务杠杆系数，并预测 2025 年度的财务杠杆系数。

5. 某企业生产 A 产品，固定成本 60 万元，单位变动成本率 40%。

要求：当企业的销售额分别为 400 万元、200 万元和 100 万元时，计算营业杠杆，并说明其意义。

6. 某公司固定成本 126 万元，单位变动成本率 0.7，公司资本结构如下：长期债券 300 万元，利率 8%；另有 150 000 元发行在外的普通股，公司所得税税率为 25%。

要求：计算在销售额为 900 万元时，公司的经营杠杆、财务杠杆和综合杠杆，并说明它们的意义。

五、思考题

1. 什么是财务管理杠杆效应？它包括哪些内容？它们之间有何联系？

2. 企业如何有效利用财务管理杠杆效应来降低经营风险和财务风险？

任务三　资本成本与资本结构决策

一、判断题

1. 之所以将资金占用费，即用资费用，作为筹资金额的一项扣除，是因为资金占用费通常

在筹集资金时一次性发生,而不是经常发生。　　　　　　　　　　　　　　　　（　　）

2.若企业的经营利润率低于资本成本,则表明该企业的业绩不好。　　　　　　（　　）

3.资本成本是企业筹资付出的代价,一般用相对数表示,即资金占用费加上资金筹集费之和除以筹资金额的商。　　　　　　　　　　　　　　　　　　　　　　　　　　（　　）

4.资本成本是投资者考虑了目前情况后向企业提供资金所要求的报酬率,这意味着不能用历史数据说明资本成本。　　　　　　　　　　　　　　　　　　　　　　　　　（　　）

5.若债券利息率、筹资费用率和所得税税率均已确定,则企业的债券成本率便已确定。

　　　　　　　　　　　　　　　　　　　　　　　　　　　　　　　　　　　　（　　）

6.如果不考虑发行费,溢价发行一年付息一次的税前债券成本将小于票面利率。

　　　　　　　　　　　　　　　　　　　　　　　　　　　　　　　　　　　　（　　）

7.长期借款与发行债券筹资均具有抵税作用,因此,其资本成本并无差别。　　（　　）

8.理论上讲,如果企业将留存收益用于再投资所获得的收益率低于股东自己进行另一项风险相似投资的投资收益率,企业就不应该保留留存收益而应将其分派给股东。　（　　）

9.普通股筹资没有固定的股利负担,因此,其成本比债券筹资的成本低。　　（　　）

10.边际资本成本也是一种加权平均资本成本,专门用于追加筹资决策。　　（　　）

11.当预计的息税前利润大于每股利润无差别点的息税前利润时,负债筹资的普通股每股利润大。　　　　　　　　　　　　　　　　　　　　　　　　　　　　　　　（　　）

12.在筹资突破点范围内筹资,无论筹资多少、资本结构如何,原来的资本成本都不会改变。

　　　　　　　　　　　　　　　　　　　　　　　　　　　　　　　　　　　　（　　）

13.在个别资本成本一定的情况下,企业综合资本成本的高低取决于资金总额。（　　）

14.在优化资本结构的过程中,综合资本成本最小的方案一定是普通股每股利润最大的方案。　　　　　　　　　　　　　　　　　　　　　　　　　　　　　　　　　　（　　）

二、单项选择题

1.下列个别资本成本中,资本成本最高的是(　　　　)。

A.普通股成本　　　B.长期借款成本　　　C.保留盈余成本　　　D.债券成本

2.某公司普通股面值10元,目前市价为56元,最近发放股利2元,目前普通股的发行费用率4%,估计股利年增长率为12%,则留存收益成本为(　　　　)。

A.32%　　　　　　B.34.4%　　　　　　C.16.17%　　　　　D.16%

3.某公司普通股面值10元,目前市价为59元,最近发放股利2元,现在公司新发行普通股,发行价57.5元,发行费用率4%,估计股利年增长率为10.4%,则新发行普通股的成本为(　　　　)。

A.14.4%　　　　　B.14.3%　　　　　　C.33.4%　　　　　D.13.97%

4.按下列(　　　　)计算的加权平均资本成本更能反映企业目前的实际情况。

A.账面价值　　　　B.市场价值　　　　C.目标价值　　　　D.实际价值

5.某企业长期借款占全部资本的目标比重为16%,可按5%的利率追加长期借款40万元,超过40万元的借款年利率为7%,则长期借款的筹资突破点为(　　　　)万元。

A.250　　　　　　B.800　　　　　　　C.6.4　　　　　　　D.400

6.某企业经批准发行优先股股票,筹资费用率和股息率分别为5%和9%,则优先股成本率为(　　　　)。

A.9.47%　　　　　B.5.26%　　　　　　C.5.71%　　　　　D.5.49%

7. 在个别资本成本的计算中,不必考虑筹资费用影响因素的是(　　　)。

　　A. 债券成本　　　　　　　　　　　B. 长期借款成本

　　C. 保留盈余成本　　　　　　　　　D. 普通股成本

8. 某公司发行普通股股票 600 万元,筹资费用率 5%,上年股利率为 14%,预计股利每年增长 5%,所得税税率为 25%,该公司年末留存 50 万元未分配利润用作发展之需,则该笔留存收益的成本为(　　　)。

　　A. 14.7%　　　　　　B. 19.7%　　　　　　C. 19%　　　　　　D. 20.47%

9. 某公司计划发行债券,面值 500 万元,年利率为 10%,预计筹资费用率为 5%,预计发行价格为 600 万元,所得税税率为 25%,则该债券的成本为(　　　)。

　　A. 10%　　　　　　　B. 7.05%　　　　　　C. 6.58%　　　　　D. 8.77%

10. 某企业发行普通股 1 000 万股,每股面值 1 元,发行价格为每股 5 元,筹资费用率为 4%,每年股利固定,为每股 0.20 元,则该普通股成本为(　　　)。

　　A. 4%　　　　　　　　B. 4.17%　　　　　　C. 16.17%　　　　D. 20%

11. 在计算个别资本成本时,既不考虑所得税的抵税作用,又不考虑筹资费用的是(　　　)。

　　A. 长期借款成本　　　　　　　　　B. 债券成本

　　C. 普通股成本　　　　　　　　　　D. 留存收益成本

12. 下列关于留存收益成本的说法中,错误的是(　　　)。

　　A. 它是一种机会成本　　　　　　　B. 计算时不必考虑筹资费用

　　C. 实质上是股东对企业追加投资　　D. 它的计算与普通股成本完全相同

13. 已知某企业目标资金结构中长期债务的比重为 20%,债务资金的增加额范围为 0～10 000 元,其利率维持 5% 不变。该企业与此相关的筹资总额分界点为(　　　)元。

　　A. 5 000　　　　　　B. 20 000　　　　　　C. 50 000　　　　　D. 200 000

14. 某企业取得 3 年期长期借款 300 万元,年利率为 10%,每年付息一次,到期一次还本,筹资费用率为 0.5%,企业所得税税率为 25%。则该项长期借款的资本成本为(　　　)。

　　A. 10%　　　　　　　B. 7.4%　　　　　　C. 6%　　　　　　D. 7.54%

15. 一般来说,企业资本成本最高的筹资方式是(　　　)。

　　A. 发行债券　　　B. 长期借款　　　C. 发行普通股　　　D. 发行优先股

16. 企业在追加筹资时需要计算(　　　)。

　　A. 加权平均资本成本　　　　　　　B. 边际资本成本

　　C. 个别资本成本　　　　　　　　　D. 机会成本

17. 进行资本结构决策时,使用(　　　)。

　　A. 个别资本成本　　　　　　　　　B. 加权平均资本成本

　　C. 边际资本成本　　　　　　　　　D. 完全成本

18. 在比较各种筹资方式中,使用(　　　)。

　　A. 个别资本成本　　　　　　　　　B. 加权平均资本成本

　　C. 边际资本成本　　　　　　　　　D. 完全成本

三、多项选择题

1. 下列各项中,其资本成本可用公式"年利率×(1－所得税税率)÷(1－筹资费用率)"来计算的有(　　　)。

A. 长期借款　　　　B. 平价债券　　　　C. 溢价债券　　　　D. 公司债券

E. 优先股　　　　　F. 折价债券

2. 对于一年付息一次,到期还本的债券,其资本成本高低取决于(　　　　　)。

A. 票面利率　　　　B. 所得税率　　　　C. 发行价格　　　　D. 发行费用

3. 下列个别资本成本中,资本成本的高低与所得税税率无关的有(　　　　　)。

A. 债券成本　　　　B. 长期借款成本　　C. 保留盈余成本　　D. 普通股成本

4. 影响企业加权平均资本成本的因素主要有(　　　　　)。

A. 资本结构　　　　　　　　　　　B. 筹资期限

C. 筹资总额　　　　　　　　　　　D. 个别资本成本的高低

5. 下列因素中,会影响边际资本成本的有(　　　　　)。

A. 筹资额大小　　　B. 资本结构　　　　C. 个别资本成本　　D. 资本使用期限

6. 普通股的资本成本较高的原因有(　　　　　)。

A. 投资者要求有较高的投资报酬率　　　B. 发行费较高

C. 普通股价值较高　　　　　　　　　　D. 普通股股利不具有抵税作用

7. 下列项目中,属于资本成本中筹资费用内容的有(　　　　　)。

A. 借款手续费　　　B. 债券发行费　　　C. 债券利息　　　　D. 股利

8. 下列各项中,属于权益性资本成本的有(　　　　　)。

A. 优先股成本　　　B. 银行借款成本　　C. 普通股成本　　　D. 留存收益成本

9. 资本成本包括(　　　　　)。

A. 资金筹集费用　　B. 财务费用　　　　C. 资金占用费　　　D. 资金费用

10. 影响优先股成本的主要因素有(　　　　　)。

A. 优先股股利　　　　　　　　　　B. 优先股总额

C. 优先股筹资费用率　　　　　　　D. 企业所得税税率

11. 影响企业加权平均资本成本的因素有(　　　　　)。

A. 资金结构　　　　　　　　　　　B. 个别资本成本高低

C. 筹集资金总额　　　　　　　　　D. 筹资期限长短

12. 在计算(　　　　　)个别资本成本时,应考虑抵税作用。

A. 普通股成本　　　　　　　　　　B. 留存收益成本

C. 长期借款成本　　　　　　　　　D. 债券成本

四、业务题

1. 某公司拟筹资 1 000 万元,现有甲、乙两个备选方案,有关资料如表 5-4 所示。

表 5-4　　　　　　　　　　　　　　某公司筹资方案资料表　　　　　　　　　　　　　　单位:万元

筹资方式	甲方案	乙方案
长期借款	200,资本成本 9%	180,资本成本 9%
债　券	300,资本成本 10%	200,资本成本 10.5%
普通股	500,资本成本 12%	620,资本成本 12%
合　计	1 000	1 000

要求:确定该公司的最佳资金结构。

2. 某公司目前发行在外普通股 100 万股(每股 1 元),已发行 10% 利率的债券 400 万元,该公司打算为一个新的投资项目融资 500 万元,新项目投产后公司每年息税前利润增加到 200 万元。现有两个方案可供选择:按 12% 的利率发行债券(方案 1);按每股 20 元发行新股(方案 2)。公司适用所得税税率 25%。

要求:

(1) 计算两个方案的每股利润。

(2) 计算两个方案的每股利润无差别点息税前利润。

(3) 计算两个方案的财务杠杆系数。

(4) 判断哪个方案更好。

3. 某公司原有资产 1 000 万元,其中长期债券 400 万元,票面利率 9%;优先股 100 万元,年股息率 11%,普通股 500 万元,今年预计每股股息 2.6 元,股价 20 元,并且股息以 2% 的速度递增。企业适用所得税税率为 25%。该公司计划再筹资 1 000 万元,有 A、B 两个方案可供选择。

A 方案:发行 1 000 万元债券,票面利率 10%,由于负债增加,股本要求股息增长速度为 4%。

B 方案:发行 600 万元债券,票面利率 10%,发行 400 万元股票,预计每股股息为 3.3 元,股价为 30 元,年股利以 3% 的速度递增。

要求:计算 A、B 方案的加权平均资本成本,并评价其优劣。

4. 某公司目前资本结构由普通股(1 000 万股,计 20 000 万元)和债务(15 000 万元,资本成本 8%)组成。现公司拟扩充资本,有两种方案可供选择:A 方案采用权益融资,拟发行 250 万新股,每股售价 15 元;B 方案用债券融资,以 10% 的利率发行 3 750 万元的长期债券,所得税税率为 25%。

要求:确定当 $EBIT$ 在什么情况下采用 A 方案?什么情况下采用 B 方案?

5. 某公司年初有一投资项目,需资金 4 000 万元,通过以下方式筹资:发行债券 600 万元,成本为 12%;长期借款 800 万元,成本 11%;普通股 1 700 万元,成本为 16%;保留盈余 900 万元,成本为 15.5%。

要求:

(1) 计算加权平均资本成本。

(2) 若该投资项目的投资收益预计为 640 万元,确定该筹资方案是否可行?

五、思考题

1. 资本成本的含义是什么? 在企业筹资决策和投资管理中有何重要意义?

2. 权益资本成本包括哪些形式? 债务资本成本包括哪些形式? 它们在计算上有何不同?

3. 资本结构决策的方法有哪些?

项 目 实 训

项目实训十　无差别点分析法应用案例分析

一、实训目的

通过本项目实训,掌握无差异点分析方法的计算,并能根据所计算结果进行筹资决策。

二、实训资料

蓝天公司是经营机电设备的一家国有企业,改革开放以来,由于该企业重视开拓新的市场和保持良好的资本结构,逐渐在市场上站稳了脚跟,同时也使企业得到了不断的发展和壮大,在建立现代企业制度的过程中走在了前面。为了进一步拓展国际市场,公司需要在国外建立一全资子公司。公司目前的资本来源包括面值为 1 元的普通股 1 000 万股和平均利率为 10% 的负债 3 200 万元。预计企业当年能实现息税前利润 1 600 万元。开办这个全资子公司就是为了培养新的利润增长点,该全资子公司需要投资 4 000 万元。预计该子公司建成投产之后会为公司增加销售收入 2 000 万元,其中,变动成本为 1 100 万元,固定成本为 500 万元。该项资金来源有三种筹资形式:❶以 11% 的利率发行债券;❷按面值发行股利率为 12% 的优先股;❸按每股 20 元价格发行普通股。

三、思考与讨论

不考虑财务风险的情况下,试分析该公司应选择哪一种筹资方式?

项目实训十一　筹资管理模拟实训

一、实训目的

通过本项目实训,掌握企业筹资的渠道和方式,能够分析企业筹资过程中的各种风险因素,能够运用所学的资本成本和资本结构决策的分析方法,对上市公司资本结构和筹资方案提出合理化建议。

二、实训任务

选定一家上市公司,通过互联网收集该公司及所在行业的筹资方面的相关数据资料,运用所学的筹资管理的相关知识和方法,对该公司的筹资管理的现状及问题进行分析探讨,例如,对筹资政策、筹资渠道与方式、资本结构、综合资本成本,以及财务杠杆运用情况等方面进行分析评价,并提出改进筹资管理的合理化建议。完成一份关于该公司筹资管理的分析评价报告。

三、实训准备

(1) 知识准备:学习和掌握有关筹资管理的相关知识。如企业筹资渠道和方式、各种筹资方式的优缺点、企业筹资时应考虑的有关因素(环境、投资项目、法律规定等)、筹资风险与筹资成本、资本结构的决策方法等。

（2）实训场地：具备财务实验室或者电子阅览室，能够为学生上网查找资料提供条件。

（3）实训指导：教师应向学生提供上市公司数据资料的收集方法指导，并按照本项目模拟实训的任务目标要求，对实训操作过程和分析方法进行适时指导。

四、实训材料

由实训小组选定公司后，利用财务实验室，通过互联网收集相关数据资料。

五、实训步骤

（1）选定公司：划分模拟实训小组，指导选定一家上市公司作为模拟实训的公司。

（2）收集资料：小组分工协作，利用财务管理实验室中的互联网，收集相关数据资料，包括该公司历年的会计报表和财务年度报告，以及行业的年度报告等。了解该公司及所在行业的资本结构、公司的筹资渠道与方式、筹资政策和资本结构等。

（3）确定分析报告框架：在老师的指导下，小组讨论交流，对资料进行整理加工，拟定分析框架，确定分析评价的重点。

（4）完成上市公司筹资管理的分析评价报告。运用所学的筹资管理的知识与方法，对上市公司的筹资管理的现状与问题进行深入分析，并提出解决的建议。

（5）提交报告，班级小组交流。

5

六、实训考核

实训结束后，指导教师应该对每个小组提交的报告和实训过程，进行考核和评价，并计入学生课程的平时成绩。考核的要点如下：

（1）掌握的上市公司的数据资料情况。

（2）分析内容全面性、完整性和深度。

（3）报告格式规范性、条理性、逻辑性和建议可行性等。

（4）报告中分析方法的运用情况。

（5）在课堂讨论交流中的表现（分析问题、解决问题的能力，创新思维和能力）。

项目六 财务预算

学 习 指 导

一、知识结构图

本项目"财务预算"的主要知识结构如图 6-1 所示。

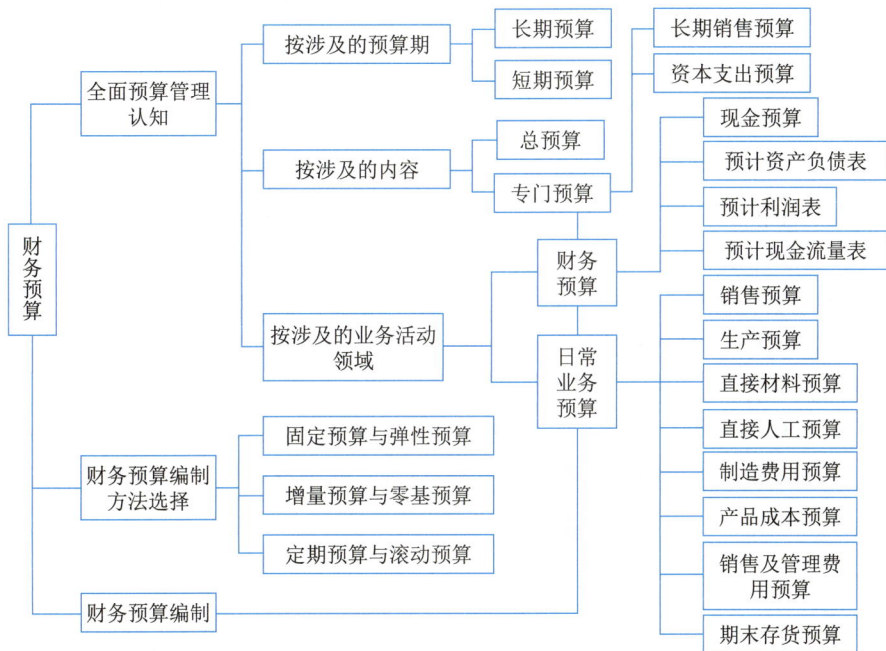

图 6-1 "财务预算"知识结构图

二、重点难点解析

(一) 全面预算的内容

全面预算是指企业未来一定期间内全部经营活动各项具体目标的计划与相应措施的数量说明。全面预算管理体系是由一系列预算组成,主要包括特种决策预算(专门预算)、日常业务预算和财务预算三部分。

(二) 财务预算编制方法

财务预算是指一系列专门反映企业未来一定预算期内预计财务状况和经营成果,以及现金收支等价值指标的各种预算总称,包括现金预算、预计资产负债表、预计利润表和预计现金流量表等内容。

财务预算的编制按不同的要求,有不同的种类。财务预算方法特点的比较如表 6-1 所示。

表 6-1   **财务预算编制方法特点比较表**

编号	名　称	特　点
1	固定预算	把企业预算期的业务量固定在某一预计水平上,以此为基础来确定其他项目预计数
	弹性预算	在成本习性分析基础上,以业务量、成本和利润之间的依存关系为依据,以预算期可预见的各种业务量水平为基础,编制能够适应多种情况的预算
2	增量预算	在基期成本费用水平的基础上,结合预算期业务量水平及有关影响成本因素的未来变动情况,通过调整有关原有成本费用项目而编制预算
	零基预算	在编制预算时,对于所有的预算支出均以零为基础,不考虑其以往情况如何,从实际需要与可能出发,研究分析各项预算费用开支是否必要合理,进行综合平衡,从而确定预算费用
3	定期预算	在编制预算时,以不变的会计期间(如日历年度)作为预算期而编制的预算
	滚动预算	在编制预算时,将预算期与会计年度脱离,随着预算的执行不断延伸补充预算,逐期(1 个月或 1 个季度)向后滚动,使预算期始终保持一个固定期间(12 个月或 4 个季度)来编制的预算

(三)直接人工预算的计算

$$预计直接人工成本＝小时工资率×预计直接人工总工时$$
$$预计直接人工总工时＝单位产品直接人工工时×预计生产量$$

人工成本一般均由现金支付,故不必单独列支,直接计入现金预算的汇总额。

(四)制造费用付现支出

在编制"制造费用预算"时,为了便于以后的现金预算编制,需要预计现金支出。由于固定资产折旧无须支出现金,因此在计算时应予以剔除。

(五)现金的筹集和运用

在编制现金预算的过程中,如何正确筹集和运用现金,应视预算内现金收支的差额以及企业有关现金管理的各项政策而定。如果现金不足,可向银行取得借款,并预计还本付息的期限和数额。

$$借款额＝最低现金余额＋现金不足额$$

如果现金多余,除了可用于偿还借款外,还可用于购买作为短期投资的有价证券。

习　　题

任务一　全面预算管理认知

一、判断题

1. 预算比决策估算更细致、更精确。　　　　　　　　　　　　　　　　　　　　（　　）

2. 总预算是指企业所有以货币及其他数量形式反映的、有关企业未来一段时间内全部经

营活动各项目标的行动计划与相应措施的数量说明。　　　　　　　　　　（　　　）

3.特种决策预算包括经营决策预算和投资决策预算,在一般情况下,特种决策预算的数据要纳入日常业务预算和现金预算。　　　　　　　　　　　　　　　　（　　　）

4.财务预算是全面预算体系中的最后环节,可以从价值上总括反映经营期决策预算和业务预算的结果。因此,它在全面预算中占重要地位。　　　　　　　　　　（　　　）

5.全面预算包括特种专门预算、总预算和日常业务预算。　　　　　　　　（　　　）

6.预算必须与企业的战略或目标保持一致。　　　　　　　　　　　　　（　　　）

7.财务预算是构建激励与约束机制的关键环节。　　　　　　　　　　　（　　　）

二、单项选择题

1.下列各项中,不属于财务预算的是（　　　）。
  A. 预计现金流量表　　　　　　　　　B. 现金预算
  C. 生产成本预算　　　　　　　　　　D. 预计资产负债表

2.在财务预算中,用以反映企业预算期期末财务状况的财务报表是（　　　）。
  A. 现金预算　　　　　　　　　　　　B. 预计利润表
  C. 预计资产负债表　　　　　　　　　D. 预计现金流量表

3.属于编制全面预算的出发点和日常业务预算的基础是（　　　）。
  A. 销售预算　　　B. 生产预算　　　C. 产品成本预算　　　D. 预计利润表

4.下列各项中,能够集中反映财务决策结果的专门预算是（　　　）。
  A. 日常业务预算　　B. 特种决策预算　　C. 财务预算　　　D. 责任预算

5.特种决策预算包括短期决策预算和长期决策两类,前者往往被纳入（　　　）。
  A. 预计资产负债表　　　　　　　　　B. 财务预算
  C. 日常业务预算　　　　　　　　　　D. 现金收入预算

6.资本支出预算属于（　　　）。
  A. 总预算　　　B. 财务预算　　　C. 业务预算　　　D. 专门决策预算

7.下列各项财务预算管理中,不属于总预算内容的是（　　　）。
  A. 现金预算　　　B. 生产预算　　　C. 预计利润表　　　D. 预计资产负债表

三、多项选择题

1.下列各项中,属于日常业务预算的内容有（　　　　　）。
  A. 生产预算　　　B. 产品成本预算　　　C. 现金预算　　　D. 制造费用预算

2.在财务预算中,专门用以反映企业未来一定预算期内预计财务状况和经营成果的预算为（　　　　）。
  A. 现金预算　　　　　　　　　　　　B. 预计资产负债表
  C. 预计利润表　　　　　　　　　　　D. 预计现金流量表

3.在编制现金预算的过程中,可作为其编制依据的有（　　　　）。
  A. 日常业务预算　　　　　　　　　　B. 预计利润表
  C. 预计资产负债表　　　　　　　　　D. 特种决策预算

4.在下列各项预算中,属于财务预算内容的有（　　　　）。
  A. 销售预算　　　B. 生产预算　　　C. 现金预算　　　D. 预计利润表

6

5. 集中反映财务决策结果的专门预算包括(　　　　)。

    A. 直接材料消耗及采购预算　　　　　　B. 销售费用预算

    C. 短期决策预算　　　　　　　　　　　D. 长期决策预算

6. 财务预算中的预计财务报表包括(　　　　)。

    A. 预计收入表　　　　　　　　　　　　B. 预计成本表

    C. 预计利润表　　　　　　　　　　　　D. 预计资产负债表

7. 全面预算具体包括(　　　　)。

    A. 日常业务预算　　　B. 财务预算　　　C. 生产预算　　　D. 特种决策预算

8. 预计财务报表的编制基础包括(　　　　)。

    A. 日常业务预算　　　B. 专门决策预算　　　C. 现金预算　　　D. 人员培训预算

四、业务题

请画出一个企业编制全面财务预算的路线图。

五、思考题

1. 全面预算体系包括哪些基本预算? 各项预算之间有何关系?

2. 对现代企业而言,全面预算管理有何意义?

3. 财务预算的作用体现在哪些方面? 其包括哪些内容?

任务二　财务预算编制方法选择

一、判断题

1. 能够克服固定预算缺点的预算方法是滚动预算。　　　　　　　　　　　　(　　)

2. 弹性利润预算的编制是以预算期各种可能实现的销售收入为出发点,按照成本性态扣减相应的成本而获得的利润指标。　　　　　　　　　　　　　　　　　　　　(　　)

3. 企业在编制零基预算时,需要以现有的项目为依据,但不以现有的费用水平为基础。
　　　　　　　　　　　　　　　　　　　　　　　　　　　　　　　　　　(　　)

4. 滚动预算能够使预算期间与会计年度相配合,便于考核预算的执行结果。　(　　)

5. 固定预算编制方法一般适用于预算执行单位业务量有关的成本(费用)、利润等预算项目。　　　　　　　　　　　　　　　　　　　　　　　　　　　　　　　　　(　　)

6. 增量预算编制方法不考虑以往会计期间发生的费用项目或费用数额。　　(　　)

7. 在编制零基预算时,应以企业现有的费用水平为基础。　　　　　　　　　(　　)

8. 为了克服定期预算的缺点,保持预算的连续性和完整性,可采用滚动预算的方法。
　　　　　　　　　　　　　　　　　　　　　　　　　　　　　　　　　　(　　)

9. 弹性预算不只是一种编制费用预算的方法,它还可以编制成本预算和利润预算。(　　)

二、单项选择题

1. 在基期成本费用水平的基础上,结合预算期业务量及有关降低成本的措施,通过调整有关原有成本项目而编制的预算称为(　　　　)。

    A. 静态预算　　　　B. 零基预算　　　　C. 滚动预算　　　　D. 增量预算

2. 在编制预算时,预算期必须与会计年度口径一致的是(　　　)。

  A. 定期预算   B. 零基预算   C. 滚动预算   D. 弹性预算

3. 在编制预算时,应考虑预算期内一系列可能达到的业务量水平的是(　　　)。

  A. 固定预算   B. 增量预算   C. 弹性预算   D. 滚动预算

4. 完全依赖一种业务量编制的预算被称为(　　　)。

  A. 弹性预算   B. 零基预算   C. 滚动预算   D. 固定预算

5. 可以保持预算的连续性和完整性,并能克服传统定期预算缺点的是(　　　)。

  A. 弹性预算   B. 零基预算   C. 滚动预算   D. 固定预算

6. 不受现有费用项目和开支水平限制,并能够克服增量预算方法缺点的是(　　　)。

  A. 弹性预算方法 B. 固定预算方法 C. 零基预算方法 D. 滚动预算方法

7. 在下列各项中,不属于滚动预算方法的滚动方式是(　　　)。

  A. 逐年滚动方式 B. 逐季滚动方式 C. 逐月滚动方式 D. 混合滚动方式

8. 可能导致无效费用开支项目不能得到有效控制的是(　　　)。

  A. 增量预算   B. 定期预算   C. 固定预算   D. 静态预算

三、多项选择题

1. 相对定期预算而言,滚动预算的优点有(　　　)。

  A. 透明度高   B. 及时性强

  C. 预算工作量小   D. 连续性、完整性和稳定性突出

2. 下列各项中,属于定期预算缺点的有(　　　)。

  A. 盲目性   B. 编制工作量大 C. 不变性   D. 间断性

3. 编制弹性预算的基本方法包括(　　　)。

  A. 趋势法   B. 因素法   C. 百分比法   D. 沃尔比重法

4. 作为控制工具的弹性预算的特点有(　　　)。

  A. 以成本性态分析为理论前提

  B. 既可以用于成本费用预算,也可以用于利润预算

  C. 在预算期期末需要计算"实际业务量的预算成本"

  D. 只要本量利数量关系不发生变化,就无须每期重新编制

5. 弹性预算主要用于编制(　　　)。

  A. 专门预算   B. 成本预算   C. 费用预算   D. 利润预算

6. 在编制预算的实践中,不能克服定期预算缺陷的方法有(　　　)。

  A. 弹性预算   B. 零基预算   C. 滚动预算   D. 增量预算

7. 相对于固定预算而言,弹性预算的优点有(　　　)。

  A. 预算成本低   B. 预算工作量小

  C. 预算可比性强   D. 预算适用范围宽

8. 可以按因素法编制弹性预算的企业有(　　　)。

  A. 经营单一品种的企业   B. 经营多品种的企业

  C. 采用分算法的企业   D. 任何类型的企业

6

四、业务题

B企业有一装配车间,正常年生产能力的机器工作小时为8 000小时,2024年有关制造费用预算的资料如表6-2所示。

表6-2 **B企业制造费用预算有关资料表**

费用项目	变动费用率/(元/小时)	固定费用/元
间接材料	15	1 600
间接人工	4	64 000
维修费用	4	4 800
水电费	2	3 200
折旧费		120 000
办公费		2 400
其他费用		7 200
小 计	25	203 200

要求:

(1)若2025年预计生产能力为7 200小时,计算确定该装配车间的制造费用预算。

(2)若2025年预计生产能力为8 800小时、固定费用中的折旧费将增长6%,计算确定该装配车间的制造费用预算。

五、思考题

1. 零基预算的编制程序是什么?它有何优缺点?

2. 弹性预算与滚动预算有什么区别?

任务三 财务预算编制

一、判断题

1. 在编制制造费用预算时,应将固定资产折旧费剔除。 ( )

2. 销售及管理费用预算是根据生产预算来编制的。 ( )

3. 销售量和单价预测的准确性,直接影响企业财务预算的质量。 ( )

4. 生产预算是在销售预算的基础上编制的,按照"以销定产"的原则,生产预算中的预计生产量应当等于预计销售量。 ( )

5. 当企业采取赊销方式销售产品时,销售预算所表达的"预计销售收入"与"预计现金收入"可能有所不同。 ( )

6. 直接材料预算中,直接材料的采购额是根据预算材料需用量与材料计划单价直接相乘来确定的。 ( )

7. 制造费用预算中的固定制造费用可以全部作为预算当期的现金支出。 ( )

8. 编制预计财务报表只要依据现金预算即可。 ( )

9. 在现金预算中,必须反映在预算期内企业规划筹措用于抵补收支差额的现金,确保一

定数额的现金余额,以及通过买入、卖出有价证券来调剂现金余额等内容。　　　　　　（　　）

　　10.日常业务预算中的所有预算都能够同时反映经营业务和现金收支活动。　　　　　（　　）

二、单项选择题

1.下列预算中,只反映实物量,不反映价值量的是（　　　　）。

  A. 销售预算　　　　　B. 生产预算　　　　　C. 直接材料预算　　　D. 直接人工预算

2.在编制制造费用预算时,将制造费用预算扣除（　　　）后,调整为现金收支的费用。

  A. 变动制造费用　　B. 管理人员工资　　C. 折旧　　　　　　　D. 水电费

3.编制生产预算时,预算生产量的计算公式是（　　　　）。

  A. 预算生产量＝预算销售量＋预计期末存货量－预计期初存货量

  B. 预算生产量＝预算进货量＋预计期末存货量－预计期初存货量

  C. 预算生产量＝预算发货量＋预计期末存货量－预计期初存货量

  D. 预算生产量＝预算销售量－预计期末存货量－预计期初存货量

4.能够同时以实物量指标和价值量指标分别反映企业经营收入和相关现金收入的预算是（　　　　）。

  A. 现金预算　　　　　　　　　　　B. 销售预算

  C. 生产预算　　　　　　　　　　　D. 产品生产成本预算

5.下列各项中,没有直接在现金预算中得到反映的是（　　　　）。

  A. 期初期末现金余额　　　　　　　B. 现金筹措及运用

  C. 预算期产量和销量　　　　　　　D. 预算期现金余缺

6.直接人工预算的主要编制基础是（　　　　）。

  A. 销售预算　　　　　B. 现金预算　　　　　C. 生产预算　　　　D. 产品成本预算

7.唯一仅以实物量指标来编制的预算是（　　　　）。

  A. 销售预算　　　　　B. 现金预算　　　　　C. 生产预算　　　　D. 产品成本预算

8.在下列各项中,不能作为编制现金预算依据的是（　　　　）。

  A. 制造费用预算　　　　　　　　　B. 销售及管理费用预算

  C. 产品生产成本预算　　　　　　　D. 特种决策预算

9.预计利润表中,利息支出是依据（　　　）确定的。

  A. 销售预算　　　　　　　　　　　B. 生产预算

  C. 产品生产成本预算　　　　　　　D. 现金预算

10.编制生产预算中的"预计需要量"项目时,不需要考虑的因素是（　　　　）。

  A. 预计销量　　　　　　　　　　　B. 预计产成品期初结存量

  C. 预计产成品期末结存量　　　　　D. 上期实际销量

三、多项选择题

1.下列项目中,属于产品生产成本预算内容的有（　　　　　　）。

  A. 期末存货成本　　B. 本期销售成本　　C. 本期生产成本　　D. 期初存货成本

2.下列项目中,属于直接人工预算内容的有（　　　　　　）。

  A. 预计生产量　　　　　　　　　　B. 单位产品耗用工时

  C. 人工总工时　　　　　　　　　　D. 人工总成本

6

3. 生产预算是编制（　　　　）的依据。

A. 直接材料预算　　　　　　　　　　B. 直接人工预算

C. 产品成本预算　　　　　　　　　　D. 现金预算

4. 产品生产成本预算,是(　　　　　　)预算的汇总。

A. 销售及管理费用预算　　　　　　　B. 直接材料预算

C. 直接人工预算　　　　　　　　　　D. 制造费用预算

5. 下列项目中,属于生产预算内容的有(　　　　　　)。

A. 预计销售量　　　　　　　　　　　B. 预计期末存货

C. 预计期初存货　　　　　　　　　　D. 预计消耗量

6. 下列各项中,包括在现金预算中的有(　　　　　　)。

A. 现金收入　　　　　　　　　　　　B. 现金支出

C. 现金收支差额　　　　　　　　　　D. 资金的筹集与使用

7. 下列预算中,既能反映经营业务,又能反映现金收支内容的有(　　　　　　)。

A. 销售预算　　　　　　　　　　　　B. 生产预算

C. 直接材料预算　　　　　　　　　　D. 制造费用预算

8. 下列各项中,被纳入现金预算的有(　　　　　　)。

A. 经营性现金收入　　　　　　　　　B. 经营性现金支出

C. 资本性现金支出　　　　　　　　　D. 现金收支差额

9. 编制预计资产负债表的依据包括(　　　　　　)。

A. 现金预算　　　B. 特种决策预算　　　C. 日常业务预算　　　D. 预计利润表

10. 与生产预算有直接联系的预算有(　　　　　　)。

A. 直接材料预算　　　　　　　　　　B. 制造费用预算

C. 销售及管理费用预算　　　　　　　D. 直接人工预算

四、业务题

1. 某公司 2025 年度只生产和销售甲产品,预算期四个季度的预计销售量分别为 5 000 件、5 500 件、6 000 件和 5 800 件;甲产品预计单位售价为 400 元。假设每季度销售收入中 70% 为现销,剩余为赊销至下季度收回。年初应收账款余额为 700 000 元。

要求:

(1) 列表计算各季度销售收入预算数。

(2) 列表计算各季度现金收入预算数。

(3) 计算年末应收账款预算数。

2. 某公司 2025 年生产乙产品,预算期四个季度的预计销售量分别为 3 000 件、2 700 件、3 600 件和 3 300 件;年初库存乙产品 600 件;预计每季末乙产品库存量为下一季度销售量的 30%;2026 年一季度预计销售量 3 200 件。若该产品只耗用一种材料,每件产品耗用材料 5 千克;预计每季季末材料库存量分别为 2 000 千克、2 400 千克、2 200 千克、2 600 千克;材料单价为 3 元;每季度采购材料的货款 60% 在本季度付清,其余 40% 在下季度付清;上年末应付账款为 15 000 元;年初材料库存量为 1 800 千克。

要求:

(1) 计算各季度生产量的预算数。

（2）计算各季度材料采购量预算数。

（3）计算各季度采购材料现金支出预算数。

3. 若甲公司乙产品预算期的生产、销售量资料同第 2 题，预计 2024 年单位生产成本为：直接材料 20 元、直接人工 8 元、变动制造费用 12 元；年初乙产品的总成本为 21 000 元，发出存货采用后进先出法计价。

要求：

（1）计算 2024 年乙产品的生产总成本；

（2）计算 2024 年乙产品的销售总成本。

4. ABC 公司 2024 年度设定的每季末预算现金余额的额定范围为 50 万元～60 万元，其中，年末余额已预定为 60 万元。假定当前银行约定的单笔短期借款必须为 10 万元的倍数，年利率为 6％，借款发生在相关季度的期初，每季末计算并支付借款利息，还款发生在相关季度的期末。2025 年该公司无其他融资计划。

ABC 公司编制的 2025 年度现金预算的部分数据如表 6-3 所示。

表 6-3　　　　　　　　　　　**ABC 公司现金预算表**

2025 年度　　　　　　　　　　　　　　　　　　　单位：万元

项 目	第一季度	第二季度	第三季度	第四季度	全年合计
期初余额	40	（略）	（略）	（略）	**H**
加：经营现金收入	1 010	（略）	（略）	（略）	5 516.3
可运用现金合计	（略）	1 396.3	1 549	（略）	**I**
减：经营现金支出	800	（略）	（略）	1 302	4 353.7
资本性现金支出	（略）	300	400	300	1 200
现金支出合计	1 000	1 365	（略）	1 602	5 553.7
现金收支差额	**A**	31.3	−37.7	132.3	（略）
资金筹措与运用	0	19.7	**F**	−72.3	（略）
加：短期借款	0	**C**	0	−20	0
减：支付短期借款利息	0	**D**	0.3	0.3	（略）
购买有价证券	0	0	−90	**G**	（略）
期末现金余额	**B**	**E**	（略）	60	**J**

要求：计算上表中用字母"A～J"表示的项目数值（除"H"和"J"项外，其余各项必须列出计算过程）。

5. 大华公司本年第 1—3 月的实际销售额分别为 38 000 万元、36 000 万元和 41 000 万元，预计 4 月份销售额为 40 000 万元。每月销售收入中有 70％能于当月收现，20％于次月收现，10％于第三个月收讫，不存在坏账。假定该公司销售的产品在流通环节只需缴纳消费税，税率为 10％，并于当月以现金缴纳。该公司 3 月月末现金余额为 80 万元，应付账款余额为 5 000 万元（需在 4 月份付清），不存在其他应收应付款项。4 月份有关项目预计资料如下：采购材料 8 000 万元(当月付款 60％);工资及其他支出 8 400 万元(用现金支付);制造费用 8 000 万元(其中折旧费等非付现费用为 4 000 万元);销售及管理费用 1 000 万元(用现金支付);预缴所得税 1 900 万元;购买设备 12 000 万元(用现金支付)。现金不足时,通过向银行借款解决(借款额为 30 万元的倍数)。4 月月末现金余额不能低于 100 万元。

要求:

(1) 计算该公司 4 月份经营性现金收入。

(2) 计算该公司 4 月份经营性现金支出。

(3) 计算 4 月份现金收支差额。

(4) 确定最佳资金筹措或运用数。

(5) 4 月末应收账款余额。

五、思考题

1. 现金预算由哪些部分组成? 它是如何编制的?

2. 现金预算中借款利息应该按期初借款额还是期末借款额,或期初期末的平均数计算?

3. 财务预算的作用是什么? 包括哪些内容? 如何进行财务预算?

项 目 实 训

项目实训十二　上海宝钢集团公司预算管理案例分析

一、实训目的

通过本项目实训,较为全面地了解全面预算管理体系,以及全面预算管理制度在我国企业实际运用的成功经验。

二、实训资料

(一) 上海宝钢集团公司简介

上海宝钢集团公司(以下简称"宝钢")是经国务院批准的国家级授权投资机构和国家控股公司。宝钢是以原宝山钢铁(集团)公司为主体,联合重组上海冶金控股(集团)公司和上海梅山(集团)公司,于 1998 年 11 月 17 日成立的特大型钢铁联合企业。2016 年 9 月,经国务院国资委批准,上海宝钢集团公司更名为中国宝武钢铁集团有限公司,作为重组后的母公司。武汉钢铁(集团)公司整体无偿划入,成为其全资子公司。

宝钢立足钢铁主业,坚持精品战略,在中国汽车用钢,油、气开采和输送用钢,不锈钢,家电用钢,交通运输器材用钢,电工器材用钢,锅炉和压力容器用钢,食品、饮料等包装用钢,金属制品用钢,特种材料用钢以及高等级建筑用钢等大类产品方面形成钢铁精品基地,并成为中国钢铁工业新技术、新工艺、新材料的研发基地。宝钢除钢铁主业外,还涉足贸易、金融、工程技术、信息、煤化工、钢材深加工、综合利用等产业,实施适度相关多元化战略。

从 1985 年 9 月投产至今,宝钢系统把握了规模扩大、结构优化、技术创新三者之间的关系,实现了企业的快速成长,生产经营取得了世人瞩目的成绩。2009 年宝钢年产钢能力 3 887

万吨左右,位列全球钢铁企业第三位,盈利水平居世界领先地位,产品畅销国内外市场。2006年12月6日,标准普尔评级公司宣布将宝钢集团有限公司的信用评级从"BBB＋"调升至"A－。"这是目前全球钢铁企业中的最高长期信用等级,也是中国制造企业中的最高等级。2019年7月,宝钢被《财富》杂志评为2019年度世界500强企业第149位,成为中国竞争性行业和制造业中首批蝉联世界500强的企业。

(二)推行全面预算管理背景及发展沿革

宝钢一、二工程全面建成后,为适应计划经济向市场经济的转轨,提升企业市场竞争能力,迫切需要建立与市场经济相适应的经营管理体制。宝钢于1993年开始进行全面预算管理这一全新经营管理体制改革的探索。

公司推行全面预算管理经历了三个阶段:1993年至1994年,是宝钢预算管理体系初步形成阶段,公司设置了经营预算管理部门,并编制了第一本年度预算。1994年至2000年为预算管理的规范完善阶段,这一阶段通过完善相关预算管理制度和预算管理技术,推出了月度执行预算,形成了规范的预算管理模式。进入21世纪后,公司预算管理在原有基础上进一步深化发展,以6年经营规划为指导,进行季度滚动预算,以每股盈余作为预算编制起点,强调资本预算管理,逐步完善预算信息化平台。至此,宝钢形成了以战略目标、经营规划为导向,年度预算为控制目标,滚动执行预算为控制手段,覆盖宝钢生产、销售、投资和研发各环节的全面预算管理体系。

(三)预算管理制度的构成体系

宝钢的预算管理制度主要有《上海宝钢集团公司预算管理制度》和《上海宝钢集团公司预算管理实施细则》。

在预算管理制度中,对预算的定义、预算的分类、预算管理的组织体系、预算管理流程、预算监督、预算执行情况报告制度以及预算考核等理论性和操作性问题进行了明确规定。

在预算管理实施细则中,对预算的编制、预算执行和控制、预算调整和追加、预算考核等进行了详细的规定,是预算管理的重要操作规程。

为了保证公司预算的顺利实施,促进预算管理的不断完善,在预算管理制度及预算管理实施细则的基础上,又根据性质各不相同的专业预算制定了相关的操作办法和管理办法。

(四)预算管理的特点

宝钢的预算为公司经营预算。经营预算是公司在预算期内经营思想的具体体现,是指导公司在预算期内生产经营活动的货币语言的陈述,是公司在预算期内经营目标的定量解释和分解,是一种以财务指标或数量指标表示公司在预算期内有关预期成果或要求的文件,是公司生产、经营、管理的基本目标和导向依据。宝钢预算管理具有以下特点:

1. 全面性

全员参与、全面覆盖和全程跟踪控制。

2. 创新性

宝钢集团创新性地提出了大型企业集团的预算管理模式,并进行了实践;提出以现金流量为控制核心的预算管理体系,并实施动态的预算管理制度。

3. 以成本为基础,以现金流量为核心

成本预算为预算管理提供各类预算标准。预算管理以现金流量为"控制元"。所谓以现金流量为"控制元",是指各项预算要求的控制源头是现金流,强调预算控制的核心是现金流量和现金流量控制的高度集中,主要表现在:

（1）只有通过控制现金流量才能确保收入项目资金的及时回笼及各项费用支出受控。

（2）按"以收定支,收支两条线"原则确保资金运用权力的高度集中。根据"以收定支"的办法,对各现金收支部门的资金严格区分收入和支出,分别开设银行账户,收入由资金管理部门统一支配,支出则根据公司资金情况由资金管理部门统一安排。

（3）通过动态的现金流量预算和资金收支计划实现对资金的精确调度。在对年度现金流量预算静态分解的基础上,通过月度滚动现金流量预算和月度、周资金收支计划,对各部门的资金收支进行动态控制,按日调度,确保资金运用的及时、高效。

（4）账户高度集中,通过财务公司结算,降低沉淀,突出资金时间价值。各部门银行账户的开户、销户权集中于资金管理部门;成立结算中心,将银行账户集中财务公司,统一银行收支业务,以自动划款方式实现"零余额"管理;以确保资金的高度集中,将资金沉淀量降至最低。

4. 预算导向

预算对预算期内公司的生产经营活动具有导向作用。预算为公司决策提供具有指导性的参考意见,为公司各预算责任部门提供明确的目标和方向。通过对预算执行结果与预算的差异进行分析,又可以及时发现公司生产经营和管理中存在的问题,并加以改进。

5. 柔性控制与刚性控制相结合

预算管理"柔性控制"和"刚性控制"相结合。预算告诉执行人员需要达到什么样的目标,为了达到某一目标,企业只愿或只能花多少代价;至于实现这一目标的方式,则由执行者充分发挥自己的聪明才智,根据"随机制宜"的原则,选择最佳的途径来进行。就整个预算管理体系而言,以"柔性控制"为主体,但就预算管理分解、落实责任指标而言,又强调"刚性控制",特别是月度执行预算,更是以刚性控制为主。预算的柔性控制和刚性控制是相辅相成的,它们从不同的方面对预算执行过程实施控制,保证公司生产经营过程间既定的生产经营目标发展。

（五）预算管理的组织体系

1. 预算管理决策层

（1）机构为公司预算委员会。

（2）成员由各分公司管理业务的总经理、副总经理组成,由总经理直接领导。

（3）职能为:审定、签发预算管理制度;审批公司年度预算;提出公司预算管理发展方向及改进要求;确定年度预算编制的重大前提条件和年度生产经营目标;听取预算执行情况和预算管理工作进展的汇报,作出预算管理改进和完善等决定。

2. 预算管理职能部门

（1）机构为公司预算办公室及预算归口管理部门。

（2）成员为对预算负有专业管理职责的部门。

（3）职能为:根据公司确定的预算期生产经营目标、预算编制原则,全面分析、研究预算期公司面临的生产经营环境、市场状况、内部生产经营条件,向预算委员会提交《年度预算计划大纲》;组织预算的编制工作,并根据公司批准的预算,组织各预算责任部门执行;负责预算日常事务的协调以及跟踪、监督预算的执行过程,定期报告预算执行情况,实施预算考核;对预算执行过程中出现的问题和偏差,及时进行修正和调整,并为公司决策提供有效信息。

3. 预算管理责任部门

（1）成员由公司各业务单位和职能部门组成。

（2）职能为:将预算指标具体落实到生产经营和管理中,实现预算管理与其他基础管理的有机结合;提供预算管理所需的各种实绩的反馈,为预算管理职能部门进行预算编制、预算跟踪提供基础数据。

(六) 预算管理流程

1. 预算管理流程

公司预算管理流程是由预算编制、预算执行、预算考核与分析,以及预算修正和改进四个阶段构成的预算管理循环,如图 6-2 所示。

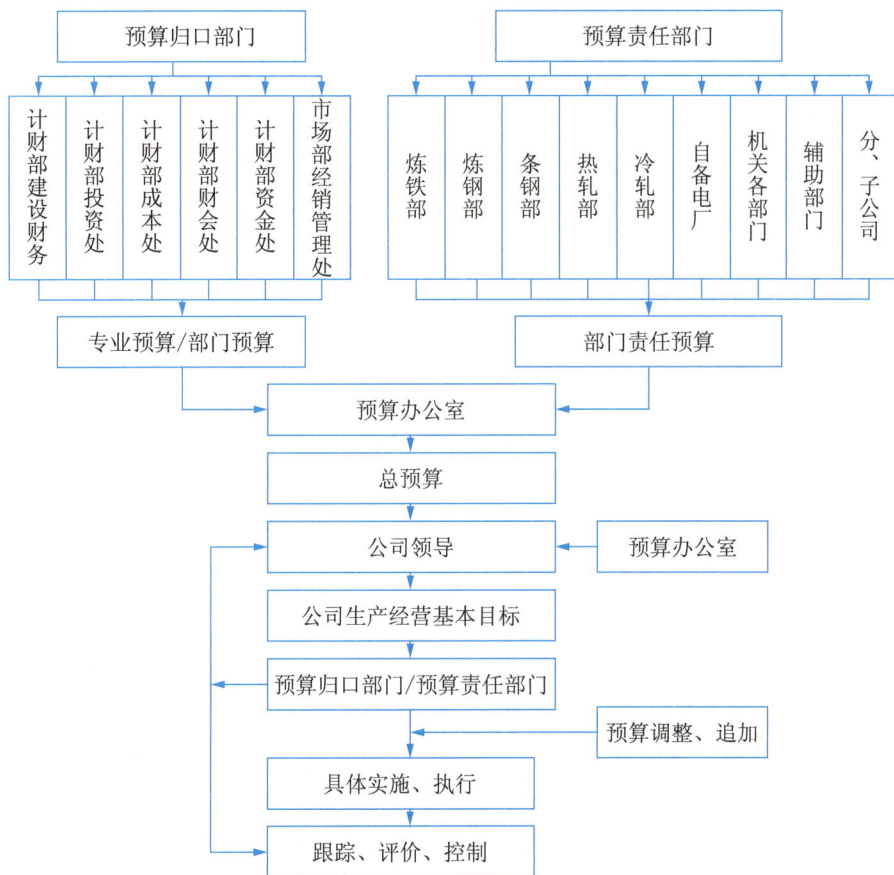

图 6-2   宝钢预算管理流程图

(1) 预算编制。宝钢预算编制通过"自上而下"和"自下而上"两种方式实时互动来完成。自上而下的过程,可将公司经营思想、经营目标层层贯彻落实。自下而上的过程,使各个预算责任单位制订落实公司目标的具体措施,以确保公司经营目标实现。预算编制属于预算管理的"事前控制"。

(2) 预算执行。预算管理注重过程控制,将预算目标的分解、落实、考核等一系列的活动都纳入到公司各种管理活动中,通过各种管理活动自身的管理控制,实现预算总体目标。预算执行属于预算管理的"事中控制"。

(3) 预算考核与分析。宝钢建立了完整的预算考评体系,以保证预算得到有效实施和完成。所以,宝钢预算考核引入价值化管理思路,改变了以前考核激励机制复杂、考核力度弱的弊端,公司对主体生产单元的考核强调以价值贡献为主,包括三方面内容:一是产品成本完成情况,二是产品边际贡献完成情况,三是部门占用的资本成本。

预算管理循环强调预算分析的作用,通过各类预算分析,反馈前预算执行结果,分析预算管理运行中存在的问题,提出下一步的解决对策。预算分析的对象除资产负债、损益外,更侧重对作业进行分析,以挖掘和提升价值。预算基本分析方法为因素分析法。宝钢多年的经营活动积累了大量的基础数据,为有效发挥基础数据对宝钢生产经营的决策支持作用,公司建立了数据仓库,各业务部门可运用 SAS 等分析工具获取有用信息。预算考核与分析属于预算管理的"事后控制"。

(4)预算修正和改进。为引导管理行为长期化,追求公司战略目标的实现,公司建立预算调整制度。通过预算调整,一方面适应上市公司季度财务信息披露的要求,另一方面可以更好地发挥预算管理职能。系统地、周期性地调整预算使企业在不断变化的经营环境中受益。宝钢预算调整的实现方式是编制季度滚动预算。季度滚动预算不仅是年度损益调整的工具,而且是公司各部门经营控制和考核评价的基础。

2. 年度预算编制流程

年度预算编制流程如图 6-3 所示。

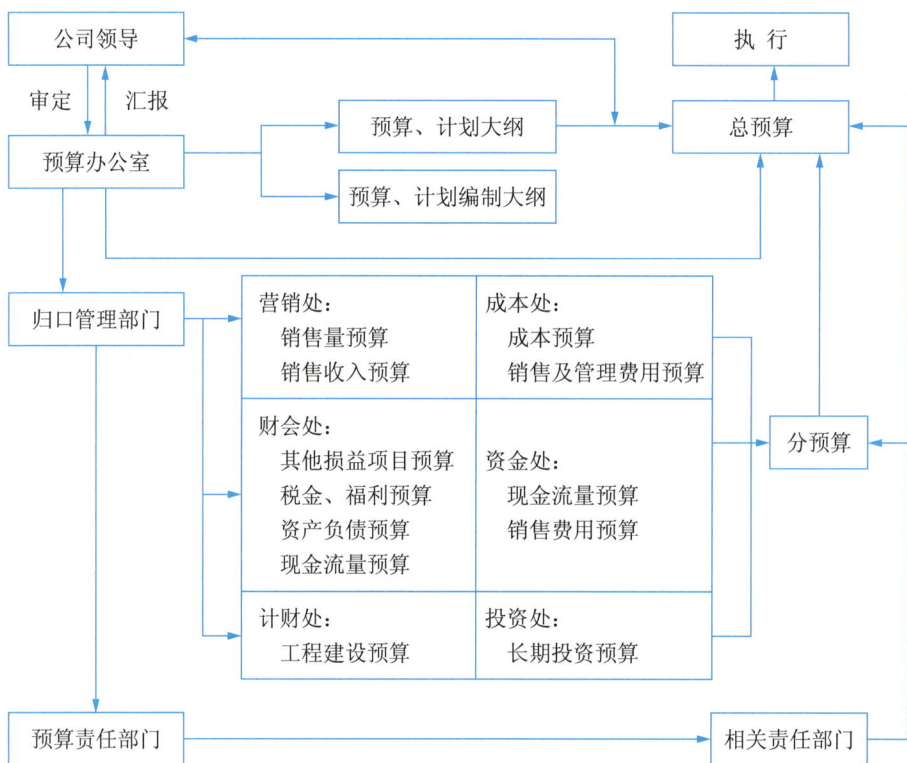

图 6-3　宝钢年度预算编制流程图

3. 年度预算编制的重要环节

(1)年度预算编制的时间节点。7—8 月份:预算前期调查工作,向公司领导提交并报告《年度预算、计划大纲》。9 月份:年度预算编制布置工作,年度预算编制正式开始。10—11 月份:年度预算编制、审核、汇总和平衡。12 月份:分预算和总预算报审、修改、审定和印发。具体如表 6-4 所示。

表 6-4	年度预算编制时间节点表
7—8 月份	预算办公室:准备预算计划汇报大纲和编制大纲 公司领导:审核汇报大纲
9 月份	预算办公室:召开布置会,下发编制大纲 归口管理部门:布置专业预算编制工作 预算责任部门:编制各部门预算和专项预算(草案),并上报预算办公室和归口管理部门
10 月份	预算办公室:审核预算、不定期进行协调,并编制出损益预算 归口管理部门:审核各部门预算和专项预算(草案),编制专业预算并报预算办公室 预算责任部门:修改、完善部门预算(草案)并报预算办公室和预算归口管理部门
11 月份	公司领导:听取预算(草案)的汇报 预算办公室:召开预算会议,明确修改方案,编制总预算(预案) 归口管理部门:布置预算修改工作,编制专业预算(预案) 预算责任部门:修改预算(草案)、编制部门和专项预算(预案)
12 月份	公司领导:审定预算(预案) 预算办公室:预算印刷,并下发给各部门

（2）年度预算大纲的编制。年度预算大纲的主要内容有:总纲、实绩回顾、宏观经济及钢铁行业形势分析、内部环境分析,各工序生产规模、组织计划以及效益测算。

4. 年度预算

年度预算由总预算、制造成本预算分册和期间费用预算分册组成,既是公司生产经营的基

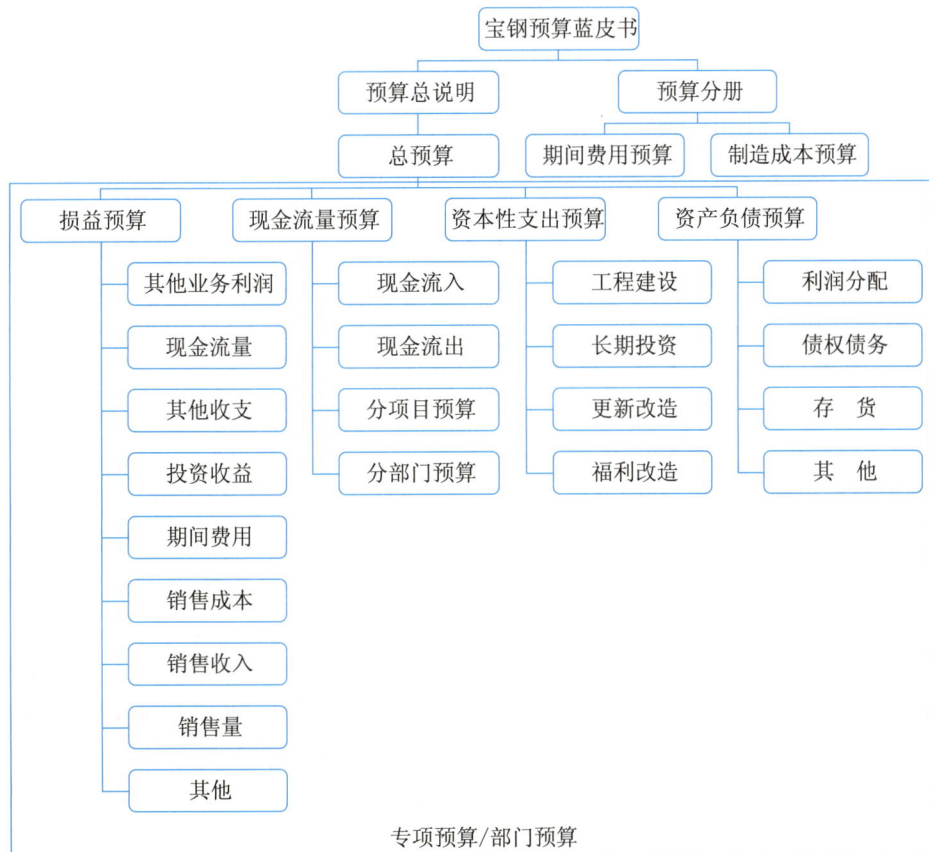

图 6-4 宝钢年度预算编制框架图

本目标,也是公司对生产经营过程控制的标准,还是公司生产经营业绩评价的重要参考。其框架如图 6-4 所示。

5. 月度滚动执行预算

(1)月度执行预算的概念。1997 年,根据公司要求和新的生产经营形势,在年度预算的基础上,根据月度综合生产经营计划和组织生产计划,考虑主要预算项目的发生规律,首次开始编制了年度预算月分解预算(以下均称分月分解预算),即将年度预算利润目标和主要预算指标一次分解到月,作为预算控制的"红线",为公司提供了月度的预算目标。在分解预算的基础上,结合实施生产经营条件的变化,实行了月度滚动预算制度。按月编制月度执行预算,以保证预算更贴近实际,落实预算责任指标,更好地发挥预算对生产经营管理基本目标的控制和导向作用。

(2)月度滚动执行预算的原则。

❶ 以年度预算为目标,确保年度预算利润目标的完成。

❷ 以分月分解预算为基准,以月度生产经营计划、各部门工作计划及各项费用、业务发生规律为依据进行编制。

❸ 当月度执行预算没有完成的指标,各责任单位需在以后月度进行弥补;月度执行预算对需弥补的预算缺口累计计算,并将其单独列示。

❹ 月度执行预算作为公司加强预算管理考核的依据。

(3)月度滚动执行预算的编制和管理流程与年度预算相同。

6. 预算调整、追加流程

(1)预算调整、追加的概念。

❶ 预算调整。预算调整是指由于预算前提发生重大变化、公司业务体制划转、机构设置变化、核算方式改变等原因,使得某些预算指标需在预算项目间进行重新分配、归并或修正预算指标,从而对预算指标进行调整的过程,即预算调整是在已有预算项目之间的调整,预算调整均是预算内调整。

❷ 预算追加。预算追加是指由于公司生产经营规模扩大导致业务量增加或出现新的业务,从而对已有预算项目的预算指标进行追加或新增预算项目和预算指标的过程。

(2)预算调整、追加制度。预算调整、追加实行逐项审批、逐级审批制度,统一由预算办公室办理,预算调整、追加的最小权力单位是预算办公室。

❶ 年度预算调整、追加流程。首先由预算申请单位向预算办公室提出预算调整或追加的申请,填写预算调整、追加申请表,上报预算办公室,由预算办公室根据申请项目的性质向预算归口管理部门发送预算调整、追加审核表,提请预算归口管理部门审核,预算办公室再根据预算归口管理部门的审核意见,结合调查情况并进行综合平衡提出审核意见,填报预算调整、追加审批表,根据审批权限报审,审批完毕后由预算办公室下发预算调整、追加通知书,通知相关部门执行。

❷ 月度执行预算调整、追加流程。月度执行预算调整、追加流程基本与年度预算调整、追加流程相同。对不影响年度预算目标完成的预算调整、追加项目由预算申请单位提出申请,填写预算调整、追加申请表报预算办公室,由预算办公室根据项目的性质提请预算归口部门审核,预算办公室再根据审核意见和综合平衡情况,确定是否同意该项预算调整、追加申请,并书面通知各相关部门执行,并纳入"否决"考核体系。

如果月度执行预算调整、追加项目对年度预算目标产生了重大影响,必须报请预算办公室主任或公司领导审批,才能执行。

(七) 全面预算管理的作用

全面预算管理在宝钢的实践,为提高公司生产经营效益发挥了重要作用:

(1) 控制职能。这是预算管理的基本职能,可分为经营控制和管理控制两个层次。预算表达一定期间内组织对所有部门和人员的期望和要求,预算成为沟通公司与二级部门的共同语言,从而实现公司高层管理者对二级部门的经营控制。全员参与的预算往往是一个有效的激励机制,可激励员工追求实现预算目标,实现二级部门对基层的管理控制。

(2) 决策管理职能。预算不只是控制的一种手段,更在公司生产经营中发挥着决策管理职能。通过编制面向流程的预算,关注企业各项资源的优化,并确定公司经营过程中的瓶颈,为公司生产经营决策提供依据。

(3) 价值增值职能。宝钢各部门均为价值中心,预算考评对不同价值中心设置不同的价值指标,这些价值指标为各价值中心建立了正确的价值导向,促使各部门为提升公司价值努力。

三、实训要求

1. 对宝钢全面预算管理的组织体系进行分析评价。

2. 对宝钢预算编制流程的有效性和不足进行分析。

3. 结合案例,说明企业年度预算与季(月)度滚动执行预算衔接的难点与处理方法。

项目实训十三　财务预算编制模拟实训

一、实训目的

通过本项目实训,熟悉财务预算的一般编制程序和方法,掌握现金预算、预计财务报表的编制方法;能够运用所学的财务预算的知识,为选定的投资项目编制全面财务预算报告。

二、实训任务

以前面"投资决策方案模拟设计"选定的投资方案为依据(或者另选一个投资项目作为财务预算模拟实训的项目),收集相关资料,按照财务预算编制的程序、内容和方法,模拟编制该投资项目的全面财务预算和预计财务报表,提交预算报告。全面财务预算具体包括以下内容:

(1) 营业业务预算,营业业务预算包括销售预算、生产预算,以及各项成本费用预算。

(2) 现金预算。

(3) 编制预计财务报表,预计财务报表包括预计利润表、预计资产负债表和预计现金流量表。

三、实训准备

(1) 知识准备:财务预算的有关知识。包括财务预算编制的一般程序与方法,预计财务报表的编制方法等。

(2) 组织准备:任课教师提前布置实训任务,将学生分组并确定小组长,由小组长在教师指导下进行组员分工。

（3）实训指导：教师可通过案例教学的方法，介绍实际财务预算的分析案例，以此指导学生实训的操作过程和方法。

四、实训材料

由各小组自己准备。

（1）可以前面"投资决策方案模拟实训项目"为依据，对前面模拟实训中的有关预测资料进行整理，并收集所需的其他相关资料。

（2）或者另选一个投资项目作为模拟项目，通过互联网，收集预算编制所需要的相关市场数据资料。

五、实训步骤

（1）数据资料准备。在前面模拟实训的基础上，进一步收集、整理预算编制所需要的相关数据资料。

（2）按照预算编制的一般程序，小组分工协作，共同分步骤完成全面预算编制任务。

（3）各小组提交项目全面预算报告，班级课堂交流，教师点评。

六、实训考核

实训结束后，指导教师应该对每个小组提交的报告和实训过程，进行考核和评价，并计入学生课程的平时成绩。考核的要点如下：

（1）模拟项目预算相关的数据资料准备情况。

（2）预算编制的全面性、完整性和准确性。

（3）预算编制方法运用情况，以及各项预算与报表之间的逻辑关系。各种营业业务预算、现金预算和预计财务报表之间的勾稽关系。

（4）财务预算表和预计财务报表格式规范性等。

（5）在课堂讨论交流中的表现（分析问题、解决问题的能力，创新思维和能力）。

项目七　财务控制

一、知识结构图

本项目"财务控制"的主要知识结构如图 7-1 所示。

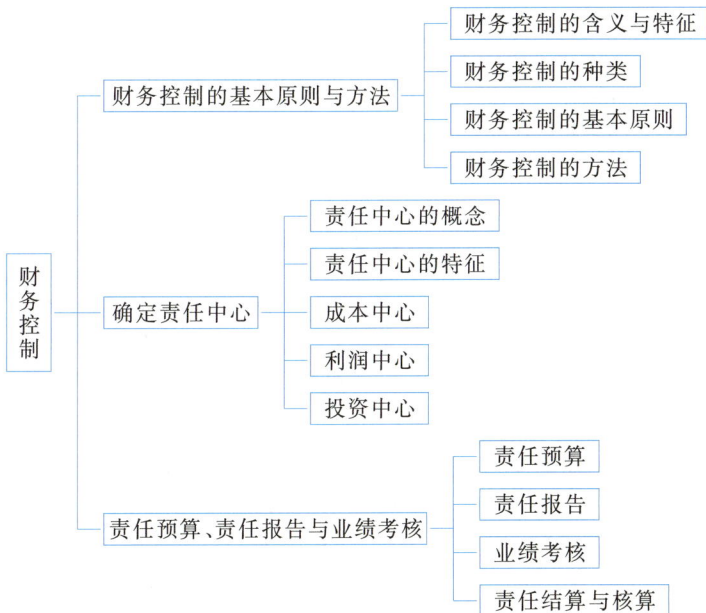

```
                                    ┌─ 财务控制的含义与特征
                    ┌─ 财务控制的基本原则与方法 ─┤─ 财务控制的种类
                    │                            ├─ 财务控制的基本原则
                    │                            └─ 财务控制的方法
                    │
                    │                    ┌─ 责任中心的概念
            财务     │                    ├─ 责任中心的特征
            控制 ────┼─ 确定责任中心 ─────┼─ 成本中心
                    │                    ├─ 利润中心
                    │                    └─ 投资中心
                    │
                    │                            ┌─ 责任预算
                    └─ 责任预算、责任报告与业绩考核 ─┤─ 责任报告
                                                  ├─ 业绩考核
                                                  └─ 责任结算与核算
```

图 7-1　"财务控制"知识结构图

二、重点难点解析

(一) 财务控制的含义与特征

财务控制是指按照一定的程序和方法,确保企业及其内部机构和人员全面落实及实现财务预算的过程。财务控制的特征:以价值控制为手段;以综合经济业务为控制对象;以日常现金流量控制为主要内容。

(二) 财务控制的种类

财务控制可以按照不同的标志分类。按照财务控制的内容可分为一般控制和应用控制;

按照财务控制的功能可分为预防性控制、侦查性控制、纠正性控制、指导性控制和补偿性控制；按财务控制的时序可分为事先控制、事中控制和事后控制；按照财务控制实施控制的主体可分为出资者财务控制、经营者财务控制和财务部门的财务控制；按财务控制的对象可分为收支控制和现金控制（或货币资金控制）；按财务控制的手段可分为定额控制和定率控制，也可称为绝对控制和相对控制。

（三）财务控制的基本原则与方法

财务控制应遵循的基本原则包括：目的性原则、充分性原则、及时性原则、认同性原则、经济性原则、客观性原则、灵活性原则、适应性原则、协调性原则和简明性原则等。财务控制的一般方法包括：授权批准控制、职务分离控制、全面预算控制、财产保全控制、独立检查控制和业绩评价控制等。

（四）责任中心

责任中心是指承担一定经济责任，并享有一定权利和利益的企业内部（责任）单位。根据企业内部责任中心的权责范围及业务活动的特点不同，它可以分为成本中心、利润中心、投资中心三类，不同责任中心特征与考核指标的比较如表 7-1 所示。

表 7-1　　　　　　　　　不同责任中心特征与考核指标比较表

责任中心	特　征	考核指标
成本中心	❶ 只考评成本费用而不考评收益 ❷ 只对可控成本承担责任 ❸ 只对责任成本进行考核和控制	❶ 成本（费用）变动额＝实际责任成本（或费用）－预算责任成本（或费用） ❷ 成本（费用）变动率＝$\dfrac{\text{成本（费用）变动额}}{\text{预算责任成本（费用）}} \times 100\%$
利润中心	❶ 既对成本负责又对收入和利润负责 ❷ 它有独立或相对独立的收入和生产经营决策权	❶ 边际贡献＝部门销售收入－部门变动成本 ❷ 部门可控边际贡献＝边际贡献－可控固定成本 ❸ 部门边际贡献＝部门可控边际贡献－部门不可控固定成本 ❹ 部门税前利润＝部门边际贡献－公司管理费用
投资中心	❶ 是企业内部最高层次的责任中心，具有最大的决策权，也承担最大的责任 ❷ 投资中心同时也是利润中心 ❸ 一般是独立法人	❶ 投资利润率＝年利润总额÷投资额×100% ❷ 剩余收益＝利润－投资额（或净资产占用额）×预期最低投资收益率

（五）责任预算、责任报告与业绩考核

1. 责任预算

责任预算是指以责任中心为主体，以其可控成本、收入、利润和投资等为对象编制的预算。责任预算是企业总预算的补充和具体化。责任预算的编制程序有两种基本类型，且与企业组织结构有着密切关系。一种是以责任中心为主体，将企业总预算在各责任中心之间层层分解而形成各责任中心的预算。另一种是各责任中心自行列示各自的预算指标，由下而上，层层汇总，最后由企业专门机构或人员进行汇总和调整，确定企业总预算。

2. 责任报告

责任报告是指对各个责任中心执行责任预算情况的系统概括和总结。责任中心的业绩评

价和考核应通过编制责任报告来完成。责任报告也称业绩报告、绩效报告，它是根据责任会计记录编制的反映责任预算实际执行情况，揭示责任预算与实际执行差异的内部会计报告。责任报告的形式主要有报表、数据分析和文字说明等。用责任报告揭示差异时，还必须对重大差异予以定量分析和定性分析。定量分析旨在确定差异的发生程度，定性分析旨在分析差异产生的原因，并根据这些原因提出改进建议。责任中心是逐级设置的，责任报告也应自下而上逐级编报，在企业的不同管理层次上，责任报告的侧重点应有所不同。最低层次的责任中心的责任报告应当最详细，随着层次的升高，责任报告的内容应以更为概括的形式来表现。责任预算是由总括到具体，责任报告是由具体到总括。责任报告应能突出产生差异的重要影响因素。

3. 业绩考核

业绩考核是指以责任报告为依据，分析、评价各责任中心责任预算的实际执行情况，找出差距，查明原因，借以考核各责任中心工作成果，实施奖惩，促使各责任中心积极纠正行为偏差，完成责任预算的过程。

（六）责任结算与核算

1. 内部转移价格

内部转移价格是指企业各责任中心之间进行内部结算和内部责任结转时所使用的计价标准。采用内部转移价格进行内部结算，可以使企业内部的两个责任中心处于类似于市场交易中的买卖两方，可促使双方降低成本费用，提高产品或服务的质量，争取获得更多的利润。内部转移价格要坚持公平原则、自主原则和重要性原则。内部转移价格的类型有：市场价格、协商价格、双重价格和成本价格等。

知识小结：
项目七

2. 内部核算

内部核算是指企业各责任中心清偿因相互提供产品或劳务所发生的、按内部转移价格计算的债权、债务。按照内部对象不同，通常采取内部支票、转账通知单和内部货币等结算方式。

习　题

任务一　财务控制认知

一、判断题

1. 财务控制是一种价值控制。　　　　　　　　　　　　　　　　　　　　　　（　　）

2. 按被控制的对象可将财务控制分为资金控制、成本费用控制、销售收入控制和利润控制。
　　　　　　　　　　　　　　　　　　　　　　　　　　　　　　　　　　　（　　）

3. 出资者财务控制是指为了实现财务预算目标而对企业及各责任中心的财务收支活动所进行的控制。　　　　　　　　　　　　　　　　　　　　　　　　　　　　　（　　）

4. 财务收支活动发生之前的申报审批制度，产品设计成本的规划等属于过程控制。
　　　　　　　　　　　　　　　　　　　　　　　　　　　　　　　　　　　（　　）

5. 判断一项控制措施到底属于哪种类型，主要是看采取这项控制措施的设计意图。
　　　　　　　　　　　　　　　　　　　　　　　　　　　　　　　　　　　（　　）

二、单项选择题

1. 下列各项中,不属于财务控制原则的是(　　　)。

　　A. 目的性　　　　　B. 及时性　　　　　C. 充分性　　　　　D. 真实性

2. (　　　)的主要目的是预防和及时发现职工在履行职责过程中产生错误和舞弊行为。

　　A. 职务分离控制　　B. 授权批准控制　　C. 全面预算控制　　D. 财产保全控制

3. 控制目标应当明确,措施与制度应简明易懂,易为执行者理解和接受。这是(　　　)原则的要求。

　　A. 协调性　　　　　B. 适应性　　　　　C. 简明性　　　　　D. 认同性

三、多项选择题

1. 按控制主体,可将财务控制分为(　　　　)。

　　A. 所有者财务控制　　　　　　　　B. 经营者财务控制

　　C. 财务部门的财务控制　　　　　　D. 债权人的财务控制

2. 财务控制的特征有(　　　　)。

　　A. 以企业财务部门为控制主体　　　B. 以价值控制为手段

　　C. 以综合经济业务为控制对象　　　D. 以现金流量控制为日常控制内容

3. 财产保全控制是最传统的财务控制方法,下列属于财产保全控制的有(　　　　)。

　　A. 限制接触财产　　B. 职务分离控制　　C. 授权控制　　　　D. 财产保险

四、思考题

1. 财务控制的种类有哪些?

2. 财务控制的基本原则与方法有哪些?

任务二　责任中心划分

一、判断题

1. 成本中心是指既能控制收入又能控制成本的责任单位。 (　　)

2. 责任成本是各成本中心当期确定或发生的各项可控成本之和。 (　　)

3. 从管理层次看,利润中心是最高一级的责任中心,业绩考核的内容或指标涉及各个方面,是一种较为全面的考核。 (　　)

4. 成本的可控性既与责任中心的权利层次有关,又与责任中心的管辖范围有关。 (　　)

5. 某项会导致个别投资中心的投资利润率提高的投资,不一定会使整个企业的投资利润率提高;但某项会导致个别投资中心的剩余收益增加的投资,则一定会使整个企业的剩余收益增加。 (　　)

6. 人为利润中心通常不但要计算可控成本,还要计算不可控成本。 (　　)

7. 在其他因素不变的条件下,一个投资中心的剩余收益的大小与企业资本成本的高低呈反向变动。 (　　)

8. 对于一个企业而言,变动成本和直接成本大多是可控成本,而固定成本和间接成本大多是不可控成本。 (　　)

9. 企业职工个人不能构成责任实体,因此不能成为责任控制体系中的责任中心。 (　　)

7

10. 同一成本项目,对有的部门来说是可控的,而对另一部门则可能是不可控的,也就是说,成本的可控与否是相对的,而不是绝对的。　　　　　　　　　　　　　　(　　)

11. 利润中心必然是成本中心,投资中心必然是利润中心,所以,投资中心首先是成本中心,但利润中心并不一定都是投资中心。　　　　　　　　　　　　　　　　(　　)

12. 利润中心通常被视为一个可以用利润衡量其业绩的组织单位,因此,凡是可以计量出利润的单位都是利润中心。　　　　　　　　　　　　　　　　　　　　　　(　　)

二、单项选择题

1. 一个责任中心,如果只对成本、收入和利润负责,该中心是(　　　　)。
   A. 成本中心　　　　　B. 投资中心　　　　　C. 利润中心　　　　　D. 费用中心

2. 成本中心的责任成本是(　　　　)。
   A. 产品成本　　　　　B. 生产成本　　　　　C. 可控成本　　　　　D. 不可控成本

3. 利润中心不具有(　　　　)。
   A. 价格制定权　　　　B. 投资决策权　　　　C. 生产决策权　　　　D. 销售决策权

4. 在评价利润中心的指标中,理论上最优的选择是(　　　　)。
   A. 边际贡献　　　　　B. 可控边际贡献　　　C. 部门边际贡献　　　D. 税前部门利润

5. 建立(　　　　)是实行责任预算和业绩考核的基础。
   A. 投资中心　　　　　B. 利润中心　　　　　C. 成本中心　　　　　D. 责任中心

6. 成本中心可分为技术性成本中心和酌量性成本中心,下列费用中属于技术性成本中心的是(　　　　)。
   A. 广告宣传费　　　　B. 职工培训费　　　　C. 研究开发费　　　　D. 间接制造费用

7. 成本中心可分为技术性成本中心和酌量性成本中心,下列费用中属于酌量性成本中心的是(　　　　)。
   A. 研究开发费　　　　B. 直接人工费　　　　C. 直接材料费　　　　D. 间接制造费用

8. 可以直接对外销售产品并取得收入的利润中心是(　　　　)。
   A. 自然利润中心　　　B. 人为利润中心　　　C. 直接利润中心　　　D. 间接利润中心

9. (　　　　)是最高层次的责任中心,它具有最大的决策权,也承担最大的责任。
   A. 利润中心　　　　　B. 成本中心　　　　　C. 投资中心　　　　　D. 人为利润中心

10. 投资中心在选择计算剩余收益指标时所使用的规定或预期的最低报酬率时,通常考虑的指标是公司的(　　　　)。
   A. 最高利润率　　　　B. 最低利润率　　　　C. 平均利润率　　　　D. 销售利润率

11. 当投资中心以总资产息税前利润率作为考核指标时,剩余收益等于(　　　　)减去总资产占用额与规定或预期的总资产息税前利润率的乘积。
   A. 营业利润　　　　　B. 净利润　　　　　　C. 营业收入　　　　　D. 息税前利润

12. 对于成本中心而言,下列各项中,不属于该类中心特点的是(　　　　)。
   A. 只考核本中心的责任成本　　　　　　　B. 对本中心的可控成本负责
   C. 只对责任成本进行控制　　　　　　　　D. 只对直接成本进行控制

13. 在投资中心的主要考核指标中,能使个别投资中心的利益与整个企业的利益统一起来的指标是(　　　　)。
   A. 投资利润率　　　　B. 可控成本　　　　　C. 利润总额　　　　　D. 剩余收益

7

14. 作为利润中心的业绩考核指标，"可控边际贡献"的计算公式是（　　　）。

    A. 部门营业收入－已销商品变动成本

    B. 部门营业收入－已销商品变动成本－变动销售费用

    C. 部门营业收入－已销商品变动成本－变动销售费用－可控固定成本

    D. 部门营业收入－已销商品变动成本－可控固定成本

15. 考核成本中心的成本指标是（　　　）。

    A. 期间费用   B. 产品成本   C. 制造成本   D. 责任成本

三、多项选择题

1. 根据企业内部责任中心的权责范围及业务流动的特点不同，它可以分为（　　　）。

    A. 责任中心   B. 成本中心   C. 利润中心   D. 投资中心

2. 下列各项中，属于揭示自然利润中心特征的表述有（　　　）。

    A. 直接面对市场   B. 具有部分经营权

    C. 通常只计算可控成本   D. 对外销售产品而取得收入

3. 相对剩余收益指标而言，投资利润率指标的缺点有（　　　）。

    A. 无法反映投资中心的综合盈利能力

    B. 可能造成投资中心的近期目标与整个企业的长期目标相背离

    C. 不便于投资项目建成投产后与原定目标的比较

    D. 不便于各投资中心经营业绩的横向比较

4. 下列有关成本责任中心的说法中，正确的有（　　　）。

    A. 成本责任中心不对生产能力的利用程度负责

    B. 成本责任中心不进行设备购置决策

    C. 成本责任中心不对固定成本负责

    D. 成本责任中心应严格执行产量计划，不应超产或减产

5. 甲利润中心常年向乙利润中心提供劳务，在其他条件不变的情况下，如提高服务的内部转移价格，可能出现的结果有（　　　）。

    A. 甲利润中心内部利润增加   B. 乙利润中心内部利润减少

    C. 企业利润总额增加   D. 企业利润总额不变

6. 责任成本的特点有（　　　）。

    A. 确定责任成本的目的是控制成本   B. 责任成本都是可控成本

    C. 责任成本的计算对象是各责任中心   D. 责任成本都是变动成本

7. 影响部门剩余收益的因素有（　　　）。

    A. 支付股利   B. 销售收入   C. 投资额   D. 资本成本率

8. 责任中心就是承担一定经济责任，并享有一定权利和利益的企业内部单位，它的特征通常有（　　　）。

    A. 是一个责权利结合的实体

    B. 具有承担经济责任的条件

    C. 所承担的责任和行使的权力都应是可控的

    D. 具有相对独立的经营业务和财务收支活动

9. 评价投资中心业绩的指标有（　　　）。

    A. 投资利润率   B. 净现值   C. 剩余收益   D. 投资回收期

10. 成本中心的可控成本应具有的特征包括(　　　　　)。

A. 可以计量,即成本中心能够对发生的成本进行计量

B. 可以控制,即成本中心能够通过自身的行为控制和调节成本

C. 可以预计,即成本中心能够通过一定的方式知道将要发生什么性质的成本

D. 可以转移,即成本中心能够转移所发生的成本

11. 利润中心的考核指标为利润,但是,由于成本计算方式不同,其表现形式也不同,主要有(　　　　　)。

A. 利润中心边际贡献总额

B. 利润中心负责人可控利润总额

C. 利润中心可控利润总额

D. 公司利润总额

12. 成本中心的特点主要表现为(　　　　　)。

A. 只考核成本费用,不考核收益

B. 只对可控成本承担责任

C. 对企业的剩余收益进行考核与控制

D. 只对责任成本进行考核与控制

四、业务题

1. 某公司现有 A、B、C 三个投资中心,2024 年各投资中心有关资料如表 7-2 所示。

表 7-2　　　　　2024 年某公司投资中心预算指标完成情况统计表　　　　　单位:万元

项　　目	预算数	实　际　数		
		A 中心	B 中心	C 中心
销售收入	300	270	300	315
利润	27	28.5	27	30
经营资产平均占用额	150	135	150	150
公司规定最低投资报酬率	16%			

要求:对三个投资中心的业绩进行评价,并排出优先次序。

2. 某公司甲部门为利润中心,该部门 2024 年业绩考核的有关数据如表 7-3 所示。

表 7-3　　　　　2024 年某公司甲部门(利润中心)业绩完成情况表　　　　　单位:元

项　　目	实际完成
销售收入	120 000
已销产品变动成本和变动销售费用	45 000
可控固定成本	11 000
公司分配来的管理费用	5 000

要求:计算甲部门边际贡献总额、负责人可控利润总额和利润中心利润总额。

3. 某公司一投资中心的 2024 年度有关数据如表 7-4 所示,该公司预计最低投资报酬率为 12%。

7

表 7-4　　　　　　　**2024 年某公司某投资中心业绩完成情况表**　　　　　　单位:万元

项　　目	实际完成
销售收入	2 000
销售成本	1 000
分配的公司管理费用	300
其他间接费用	200
本中心总资产	5 000
本中心外部负债额	1 000

要求:计算本中心的投资利润率和剩余收益。

4.某公司下设 A、B 两个投资中心。A 投资中心的投资额为 200 万元,投资利润率为 15%；B 投资中心的投资利润率为 17%,剩余收益为 20 万元;该公司要求的最低平均投资利润率为 12%。该公司决定追加投资 100 万元,若投向 A 投资中心,每年可增加利润 20 万元；若投向 B 投资中心,每年可增加利润 15 万元。

要求:

(1) 计算追加投资前 A 投资中心的剩余收益。

(2) 计算追加投资前 B 投资中心的投资额。

(3) 计算追加投资前该公司的投资利润率。

(4) 若 A 投资中心接受追加投资,计算其剩余收益。

(5) 若 B 投资中心接受追加投资,计算其投资利润率。

5.某企业下设甲投资中心和乙投资中心,要求的总资产息税前利润率为 10%。两投资中心均有一投资方案可供选择,预计可产生的影响如表 7-5 所示。

表 7-5　　　　　　　**某企业各投资中心追加投资分析表**

项　　目	甲投资中心		乙投资中心	
	追加投资前	追加投资后	追加投资前	追加投资后
总资产/万元	50	100	100	150
息税前利润/万元	4	8.6	15	20.5
息税前利润率/%	8		15	
剩余收益/万元	−1		+5	

要求:

(1) 计算并填列上表中的空白。

(2) 运用剩余收益指标,分别就两个投资中心是否应追加投资进行决策。

五、思考题

1.什么是责任中心? 责任中心的种类有哪些? 各责任中心有何区别与联系?

2.简述各责任中心的特点与考核指标。

任务三　责任中心财务控制

一、判断题

1. 在企业的不同管理层次上,责任报告的侧重点应有所不同,最高层次责任中心的责任报告最为详细。（　　）

2. 以市场价格作为内部转移价格,就是直接按市场价格结算。（　　）

3. 从企业总体来看,内部转移价格发生变动,企业的利润总额也相应变动。（　　）

4. 为了便于考核、评价各责任中心的业绩,对一责任中心提供给另一责任中心的产品,其供应方和使用方所采用的转移价格可以不同。（　　）

5. 责任预算是指以责任中心为主体,以其可控成本、收入、利润和投资等为对象编制的预算。（　　）

6. 当一个责任中心向另一个责任中心提供产品时,不仅办理内部结算,还应同时办理责任成本的内部结转。（　　）

7. 责任报告应该按公司、分厂、车间、班组的层次顺序逐级编制。（　　）

二、单项选择题

1. 各责任中心相互提供的产品采用协商定价的方式确定内部转移价格时,其协商定价的最大范围应该是（　　）。

    A. 在单位成本和市价之间

    B. 在单位变动成本和市价之间

    C. 在单位成本加合理利润以上,市价以下

    D. 在单位变动成本加合理利润以上,市价以下

2. 为便于考核各责任中心的责任业绩,下列各项中,最不宜作为内部转移价格的是（　　）。

    A. 标准成本　　　　B. 实际成本　　　　C. 标准变动成本　　　　D. 标准成本加成

三、多项选择题

1. 责任中心进行内部结算所使用的内部转移价格主要有（　　）。

    A. 市场价格　　　　B. 协商价格　　　　C. 双重价格　　　　D. 成本转移价格

2. 责任结算的方式包括（　　）。

    A. 直接的货币结算方式　　　　　　　　B. 内部银行转账方式

    C. 转账通知单方式　　　　　　　　　　D. 内部货币结算方式

3. 下列各项中,需要利用内部转移价格在有关责任中心之间进行责任结转的有（　　）。

    A. 因供应部门外购材料的质量问题造成的生产车间超定额耗用成本

    B. 因上一车间加工缺陷造成的下一车间超定额耗用成本

    C. 因生产车间生产质量问题造成的销售部门降价损失

    D. 因生产车间自身加工不当造成的超定额耗用成本

4. 在采用市场价格作为内部转移价格时,在不影响企业整体利润的前提下,应遵循的原则有（　　）。

    A. 当供应方愿意对内销售,且售价不高于市价时,使用方有购买的义务,不得拒绝“购进”

7

B. 当供应方的售价高于市场价格,使用方有转向市场购入的自由

C. 当供应方宁愿对外界市场销售,则应有不对内销售的权利

D. 当市场上有不止一种市价时,供求双方应进行协商

5. 制定内部转移价格的原则包括(　　　　　)。

A. 重要性原则　　　　B. 自主性原则　　　　C. 公平性原则　　　　D. 全局性原则

项 目 实 训

项目实训十四　投资中心业绩考核与评价

一、实训目的

投资中心是企业责任中心的最高层次,它不仅要对成本、收入和利润负责,还要对投资效果负责。通过本项目实训,掌握投资中心考核指标的计算与分析,并结合责任预算的实际执行情况,对投资中心的业绩作出客观评价。

二、实训材料

华丽公司下设 A、B 两个投资中心,有关资料如表 7-6 所示。

表 7-6　　　　　　　　　华丽公司投资中心年度指标完成情况统计表　　　　　　　　　单位:元

投资中心	A 中心	B 中心	总公司
息税前利润	120 000	450 000	570 000
经营总资产平均占用额	2 000 000	3 000 000	5 000 000
总公司规定的总资产息税前利润率	10%	10%	

现有两个追加投资的方案可供选择:第一,若 A 中心追加投入 1 500 000 元经营资产,每年将增加 120 000 元息税前利润;第二,若 B 中心追加投入 2 000 000 元经营资产,每年将增加 290 000 元息税前利润。假定资产供应有保证,剩余的资金无法用于其他方面,暂不考虑剩余资金的机会成本。

三、实训要求

(1) 计算追加投资前,A 中心、B 中心以及总公司的总资产息税前利润率和剩余收益指标。

(2) 计算 A 中心追加投资后,各中心以及总公司的总资产息税前利润率和剩余收益指标。

(3) 计算 B 中心追加投资后,各中心以及总公司的总资产息税前利润率和剩余收益指标。

(4) 根据总资产息税前利润率指标,分别从 A 中心、B 中心和总公司的角度评价上述追加方案的可行性,并据此评价该指标。

(5) 根据剩余收益指标,分别从 A 中心、B 中心和总公司的角度,评价上述追加方案的可行性,并据此评价该指标。

项目实训十五   投资中心财务控制方案设计

一、实训目的

财务控制是保证实现财务预算目标的关键。通过本项目实训,加深对财务控制重要意义的认识;掌握企业财务控制的基本原则和内部责任中心财务控制方法;能够根据模拟投资项目需要,按照投资中心财务控制的要求,模拟设计一份财务控制方案。

二、实训任务

以前面"项目实训十三   财务预算编制模拟实训"为基础,按照模拟投资项目实施的需要,划分各层级的责任中心,制定责任中心的责任预算、业绩考核指标和相关的业绩考核制度,以及保障责任预算贯彻执行的相关措施,完成一份以投资项目为投资中心的财务控制实施方案。

三、实训准备

(1)知识准备:学习和掌握财务控制相关知识和方法,包括:财务控制应遵循的原则、责任中心划分、责任预算与考核指标、责任报告和业绩考核等,以及与财务控制相关的知识如企业内部控制环境、内部控制制度与组织体系等。

(2)组织准备:任课教师提前布置实训任务,将学生分组并确定小组长,由小组长在教师指导下进行组员分工。

(3)实训指导:教师可采用案例教学方法,介绍企业内部责任中心的财务控制管理方法,对学生实训操作过程给予指导。

四、实训步骤

(1)收集整理资料。根据模拟投资项目实施的需要,按照投资中心财务控制的要求,收集整理所需要的相关数据资料。

(2)确定以模拟的投资项目为投资中心的财务控制方案的总体框架。总体框架一般可以包括以下内容:

❶ 投资中心财务控制基础环境设计,包括:组织机构、责任会计体系、各项日常财务管理规章制度、奖惩制度等。

❷ 项目投资中心各级责任中心的划分与设计。按照模拟投资项目实施的实际需要,确定投资中心下属的各级责任中心,如成本中心和利润中心。

❸ 各级责任中心责任预算、考核指标和业绩考核制度设计。制定各层级责任中心的责任预算、考核指标和业绩考核制度。

❹ 保障责任中心贯彻责任预算的相关保障措施。

(3)小组分工协作、讨论交流,共同完成财务控制方案各个环节的设计任务。

(4)提交小组设计方案,班级交流,教师点评总结。

五、实训材料

由各小组自己准备。在前面"财务预算编制模拟实训"的基础上,结合投资中心财务控制要求,收集相关数据资料。

六、实训考核

实训结束后,指导教师应该对每个小组提交的项目投资中心的财务控制设计方案和过程,进行考核和评价,并计入学生课程的平时成绩。考核的要点如下:

(1)项目投资中心财务控制方案设计总体框架的合理性和可行性。

(2)财务控制方法的运用情况。

(3)责任中心、责任预算、业绩考核,以及配套环境制度设计情况。

(4)在课堂分析讨论交流中的表现(分析问题、解决问题的能力,创新思维和能力)。

7

项目八　营运资金管理

学 习 指 导

一、知识结构图

本项目"营运资金管理"的主要知识结构如图 8-1 所示。

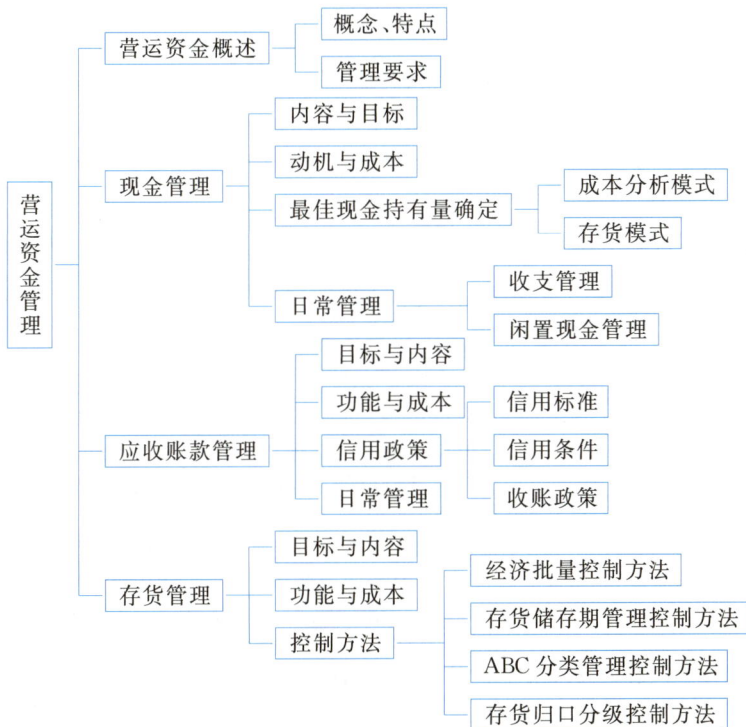

图 8-1　"营运资金管理"知识结构图

二、重点难点解析

（一）营运资金基础知识

营运资金一般是指流动资产减去流动负债后的余额。营运资金的管理既包括流动资产的管理，也包括流动负债的管理。营运资金具有周转短期性、实物形态易变现性和动态性、数量波动性、来源灵活多样性等特点。企业进行营运资金管理，必须认真分析生产经营状况，合理确定营运资金的需要数量；在保证生产经营需要的前提下，节约使用营运资金；加速营运资金周转，提高资金的利用效果；合理安排流动资产与流动负债的比例关系，保证企业有足够的短期偿债能力。营运资金规模的合理性，必须建立在对风险、收益和成本三方面利弊权衡的基础之上。

（二）现金管理

现金管理重点内容解析如表 8-1 所示。

表 8-1　现金管理重点内容解析表

现金持有动机与成本	最佳现金持有量的确定
（1）现金持有动机： ❶ 交易动机 ❷ 预防动机 ❸ 投机动机 （2）现金持有成本： ❶ 持有成本 ❷ 转换成本 ❸ 管理成本 ❹ 短缺成本	（1）现金周转模式： ❶ 现金周转期＝存货周转期＋应收账款周转期－应付账款周转期 ❷ 现金周转率（次数）＝360（天）÷现金周转期 ❸ 最佳现金持有量＝预期全年现金需要量÷现金周转率 （2）成本分析模式： 最佳现金持有量：现金持有相关总成本＝短缺成本＋机会成本 当现金持有相关总成本最低时的现金持有量为最佳 （3）存货模式： ❶ 最佳现金持有量 $Q=\sqrt{\dfrac{2TF}{K}}$ ❷ 最佳转换次数 $\dfrac{T}{Q}=\sqrt{\dfrac{TK}{2F}}$ ❸ 最低总成本（TC）$=\sqrt{2TFK}$

（三）应收账款管理

应收账款管理的目标就是充分发挥应收账款功能，权衡应收账款投资所产生的收益、成本和风险，作出有利于企业的信用决策。应收账款管理重点内容解析如表 8-2 所示。

表 8-2　应收账款管理重点内容解析表

应收账款功能与成本	信　用　政　策
（1）应收账款的功能： ❶ 促进销售 ❷ 减少存货 （2）应收账款的成本： ❶ 管理成本 ❷ 坏账成本 ❸ 机会成本 应收账款的机会成本＝应收账款占用资金×资本成本 其中： 应收账款占用资金 ＝应收账款平均余额×变动成本率 ＝日销售额×平均收账期×变动成本率	信用政策是企业对应收账款进行规划与管理而制定的基本原则和行为规范，一般由信用标准、信用条件和收账政策三部分组成 （1）**信用标准。**即企业同意向客户提供商业信用而要求对方必须具备的最低条件。常以坏账损失率表示 ❶ 信用标准定性分析方法——5C 分析法。5C 分别为：品质（character）、能力（capacity）、资本（capital）、抵押品（collateral）、经济状况（conditions） ❷ 信用标准定量分析方法。主要解决两个问题：一是制定信用标准，即确定坏账损失率，以此作为给予或拒绝向客户提供商业信用的依据；二是具体确定客户信用等级 （2）**信用条件。**即企业向对方提供商业信用时要求其支付赊销款项的条件 ❶ 信用条件构成。信用条件由信用期限、折扣期限和现金折扣三部分构成。一般形式如"2/10，$n/30$" ❷ 信用条件的选择。与信用标准的选择相似，即比较不同的信用条件的销售收入及相关成本，最后计算出各自的净收益，并选择净收益最大的信用条件

8

续　表

应收账款功能与成本	信　用　政　策
	(3) 收账政策。 即客户超过信用期限而仍未付款或拒付账款时企业采取的收账策略 ❶ 制定收账政策时,应权衡增加收账费用与减少应收账款机会成本和坏账损失之间的得失 ❷ 企业加强应收账款日常管理的主要措施,包括应收账款的追踪分析、账龄分析、收现率分析,以及根据有关会计制度建立应收账款坏账准备金制度

(四) 存货管理

存货管理的目标就是要在充分发挥存货作用的前提下,不断降低存货成本,以最低的存货成本保障企业生产经营的顺利进行。存货管理重点内容解析如表 8-3 所示。

表 8-3　　　　　　　　　　存货管理重点内容解析表

存货的功能与成本	存货控制方法
(1) 存货的功能: ❶ 保证生产经营的连续性 ❷ 增加企业生产和销售的机动性 ❸ 降低采购成本 ❹ 维持均衡生产 ❺ 及时满足企业产品的销售 **(2) 存货的成本:** ❶ 进货成本 ❷ 储存成本 ❸ 缺货成本	**(1) 存货经济批量采购的控制** 存货的经济批量$(Q)=\sqrt{\dfrac{2AB}{C}}$ 经济批量的变动总成本$(T)=\sqrt{2ABC}$ 最佳进货次数$(N)=\dfrac{A}{Q}=\sqrt{\dfrac{AC}{2B}}$ 经济批量的资金平均占用额$(W)=\dfrac{QP}{2}$ **(2) 存货储存期管理控制** 存货保本储存期=(毛利-销售税金及附加-固定储存费)÷每日变动费用 存货保利储存期=(毛利-销售税金及附加-固定储存费-目标利润)÷每日变动费 **(3) 存货 ABC 分类管理控制** 存货划分成 A,B,C 三类后,可采取不同管理方法进行控制: ❶ A 类存货应进行重点管理控制 ❷ B 类存货通过划分类别的方式进行管理,或者按照其重要程度和采购难易程度分别采用 A 类或 C 类存货管理方法 ❸ C 类存货可以只对其进行总量控制和管理

知识小结:
项目八

8

习　题

任务一　现金管理

一、判断题

1. 流动资产的组成内容不但表明它在再生产过程中存在的形态,而且反映了流动资产在再生产过程中所处的领域和占用特点。　　　　　　　　　　　　　　(　　)

2. 现金是一种非收益性资产。　　　　　　　　　　　　　　　　　　　(　　)

3. 为保证企业生产经营所需现金，企业持有的现金越多越好。（　　）

4. 企业现金持有量过多会降低企业的收益水平。（　　）

5. 企业持有的现金总额可以小于各种动机所需现金余额之和，且各种动机所需保持的现金也不必均为货币形态。（　　）

二、单项选择题

1. 企业为满足交易动机所持有的现金数量主要取决于（　　）。
   A. 企业的支付能力
   B. 企业的生产能力
   C. 企业的偿债能力
   D. 企业的销售水平

2. 在一定时期，当现金需要量一定时，同现金持有量成反比的成本是（　　）。
   A. 管理成本　　　B. 资本成本　　　C. 短缺成本　　　D. 机会成本

3. 某企业的现金周转率为 6 次，则其现金周转期为（　　）天。
   A. 30　　　　　　B. 40　　　　　　C. 50　　　　　　D. 60

4. 企业为满足交易动机而持有现金，所需考虑的主要因素是（　　）。
   A. 企业销售水平的高低
   B. 企业临时举债能力的大小
   C. 企业对待风险的态度
   D. 金融市场投机机会的多少

5. 持有过量现金可能导致的不利后果是（　　）。
   A. 财务风险加大
   B. 收益水平下降
   C. 债能力下降
   D. 资产流动性下降

6. 采用成本分析模式确定最佳现金持有量，考虑的成本因素是（　　）。
   A. 机会成本和短缺成本
   B. 机会成本和转换成本
   C. 机会成本、短缺成本和转换成本
   D. 管理成本和转换成本

三、多项选择题

1. 下列属于流动资产的有（　　　）。
   A. 现金　　　　　B. 短期投资　　　C. 应付账款　　　D. 预付账款

2. 流动资产投资的特点有（　　　）。
   A. 变现能力强　　B. 投资风险大　　C. 数量波动大　　D. 收益率高

3. 企业持有现金的动机有（　　　）。
   A. 交易动机　　　B. 预防动机　　　C. 投资动机　　　D. 投机动机

4. 现金成本包括（　　　）。
   A. 持有成本　　　B. 转换成本　　　C. 短缺成本　　　D. 管理成本

5. 确定最佳现金持有量的存货模式考虑的成本主要有（　　　）。
   A. 机会成本　　　B. 管理成本　　　C. 短缺成本　　　D. 转换成本

6. 加快现金回收的管理方法有（　　　）
   A. 邮政信箱法
   B. 集中银行法
   C. 零余额账户法
   D. 账户分析法

7. 为了加强企业现金的支出管理，企业可运用的策略有（　　　）。
   A. 力争现金流量同步
   B. 采用零余额账户法控制现金的支出
   C. 合理使用现金"浮游量"
   D. 在合理范围内尽量推迟付款

8

四、业务题

某企业预计全年需用现金 2 000 万元,预计的存货周转期为 90 天,应收账款和应付账款周转期均为 60 天。

要求:计算该企业的最佳现金持有量。

五、思考题

1. 现金管理的内容是什么?

2. 现金收入与支出的管理内容是什么?

任务二　应收账款管理

一、判断题

1. 信用标准是企业接受客户赊销要求时,客户必须具备的最高财务能力。　　　(　　)

2. 只要花费必要的收账费用,积极做好收账工作,坏账损失是完全可以避免的。　(　　)

3. 催收应收账款的最佳解决方法是通过法律途径。　　　　　　　　　　　(　　)

4. 收账政策的优劣在于其坏账损失率的大小。　　　　　　　　　　　　　(　　)

5. 加速收款是企业提高现金使用效率的重要策略之一,因此,企业要努力把应收账款降到最低水平。　　　　　　　　　　　　　　　　　　　　　　　　　　(　　)

6. 给客户提供现金折扣的主要目的是扩大企业的销售。　　　　　　　　　(　　)

7. 邮政信箱法是企业加快应收账款回收的一种方法。　　　　　　　　　　(　　)

8. 即使企业已按规定对逾期应收账款作出坏账处理,企业仍然拥有对逾期账款行使继续收账的法定权利。　　　　　　　　　　　　　　　　　　　　　　　　　(　　)

二、单项选择题

1. 企业将资金占用在应收账款上而放弃其他方面投资可获得的收益是应收账款的(　　)。

　　A. 管理成本　　　　B. 机会成本　　　　C. 坏账成本　　　　D. 资本成本

2. 下列不属于信用条件的是(　　)。

　　A. 现金折扣　　　　B. 数量折扣　　　　C. 信用期间　　　　D. 折扣期间

3. 既要充分发挥应收账款的作用,又要加强应收账款的管理,其核心是(　　)。

　　A. 加强销售管理　　　　　　　　　　B. 制定适当的信用政策

　　C. 采取积极的收账政策　　　　　　　D. 尽量采用现款现货

4. 信用标准一般可用(　　)表示。

　　A. 坏账损失率　　B. 信用期限　　　　C. 折扣期限　　　　D. 赊销额

5. 下列不影响应收账款机会成本大小的是(　　)。

　　A. 赊销净额　　　　　　　　　　　　B. 应收账款平均回收期

　　C. 坏账损失率　　　　　　　　　　　D. 资本成本

6. 下列各项中,不属于应收账款成本构成要素的是(　　)。

　　A. 机会成本　　　　B. 管理成本　　　　C. 坏账成本　　　　D. 短缺成本

7. 下列各项中,属于应收账款机会成本的是(　　)。

　　A. 应收账款占用资金的应计利息　　　B. 客户资信调查费用

　　C. 坏账损失　　　　　　　　　　　　D. 收账费用

8

8. 在其他因素不变的情况下企业采用积极的收账政策,可能导致的后果是(　　　)。

A. 坏账损失增加　　　　　　　　　　　B. 应收账款增加

C. 收账成本增加　　　　　　　　　　　D. 平均收账期延长

9. 某公司预计明年应收账款的总计金额为 3 000 万元,必要的现金支付为 2 100 万元,应收账款收现以外的其他稳定可靠的现金流入总额为 600 万元,则该公司明年的应收账款收现保证率为(　　　)。

A. 70%　　　　　B. 20.75%　　　　　C. 50%　　　　　D. 28.57%

三、多项选择题

1. 构成企业信用政策的主要内容有(　　　　)。

A. 信用标准　　　B. 信用条件　　　C. 信用期限　　　D. 收账政策

2. 赊销在企业生产经营中所发挥的作用有(　　　　)。

A. 增加现金　　　B. 减少存货　　　C. 促进销售　　　D. 减少借款

3. 利用账龄分析表,可了解下列情况(　　　　)

A. 信用期内的应收账款数额　　　　　B. 信用期内应收账款的还款日期

C. 逾期的应收账款数额　　　　　　　D. 逾期应收账款的还款日期

4. 客户赊销某产品后能否按期偿还货款主要取决于(　　　　)。

A. 客户的信用品质　　　　　　　　　B. 客户的财务状况

C. 企业的收账政策　　　　　　　　　D. 客户能否实现该产品的价值的转换

5. 信用标准过高导致的结果有(　　　　)。

A. 降低违约风险　　　　　　　　　　B. 降低收账费用

C. 降低销售水平　　　　　　　　　　D. 影响企业竞争力

6. 下列有关信用期限的表述中,正确的有(　　　　)。

A. 缩短信用期限可能增加当期现金流量

B. 延长信用期限会扩大销售

C. 降低信用标准意味着将延长信用期限

D. 延长信用期限将增加应收账款的机会成本

7. 甲企业给予客户的信用条件为"2/10, $n/30$",则下列说法正确的有(　　　　)。

A. 现金折扣率为 2%　　　　　　　　B. 商业折扣率为 2%

C. 折扣期限为 10 天　　　　　　　　D. 信用期限为 30 天

8. 影响现金再投资收益的因素包括(　　　　)。

A. 转换成本　　　　　　　　　　　　B. 现金持有量

C. 有价证券利率　　　　　　　　　　D. 短缺成本

四、业务题

1. 某公司预测的年度赊销收入净额为 2 400 万元,应收账款周转期为 30 天,变动成本率为 7%,资本成本为 8%。

要求:计算该企业应收账款的机会成本。

2. 某公司年销售收入净额为 100 万元,其中 60% 的客户在 10 天内付款,另外 40% 的客户在购货后平均 75 天内付款。

要求：

(1) 计算该公司的平均收账期。

(2) 计算该公司应收账款平均占用额。

3. 某企业生产甲产品的固定成本为 80 000 元,变动成本率为 60%。该企业有两种信用标准可供选择。若采用 A 标准,则其坏账损失率为 5%,销售收入为 400 000 元,平均收账期为 30 天,可能的收账费用为 3 000 元;若采用 B 标准,则其坏账损失率为 10%,销售收入为 600 000 元,平均收账期为 45 天,可能的收账费用为 1 000 元。企业的综合资本成本为 10%。

要求：试对信用标准进行选择。

4. 某企业生产甲产品,固定成本总额为 100 000 元,变动成本率为 75%。当该企业不对客户提供现金折扣时,该产品的年销售收入为 2 000 000 元,应收账款的平均回收期为 60 天,坏账损失率为 2%。现考虑是否给客户提供信用条件“2/10,$n/30$”。估计采用这一新的信用条件后,销售将增加 15%,有 60% 的客户将在折扣期内付款,另外 40% 的客户的平均收现期为 40 天,坏账损失率降为 1%。该企业的生产能力有剩余,其资本成本为 10%。

要求：试确定该企业是否应采用新的信用条件。

5. 某商业企业购进甲商品 10 000 件,不含税单位进价 35 元,单位售价 58.5 元,经销该商品的固定储存费用为 20 000 元,销售税金及附加 30 000 元,每日变动储存费为 100 元,增值税税率为 13%。

要求：

(1) 计算该批商品的保本储存期。

(2) 若该企业欲获利 50 000 元,计算其保利储存期。

五、思考题

1. 应收账款的管理内容有哪些?

2. 如何评价客户的信用状况?

任务三　存货管理

一、判断题

1. 企业使用的原材料虽然很多,但是各种原材料库存周转储备上的资金是不能相互调剂使用的。　　　　　　　　　　　　　　　　　　　　　　　　　　　　　　　　　（　　）

2. 采购批量越大,持有成本越高,订货成本就越低。　　　　　　　　　　　　（　　）

3. 存货管理的目标是以最低的存货成本保证企业生产经营的顺利进行。　　（　　）

4. 在利用存货模式计算最佳现金持有量时,对缺货成本一般不予考虑。　　（　　）

5. 订货点的高低对经济订货量不产生影响,对订货次数也没有影响。　　　（　　）

6. 一般来说,企业存货需要量与企业生产及销售的规模成正比,与存货周转一次所需天数成反比。　　　　　　　　　　　　　　　　　　　　　　　　　　　　　　　　　　（　　）

二、单项选择题

1. 在存货 ABC 管理中,将存货金额很大,品种数量很少的存货划分为(　　)类。

A. A　　　　　　　B. D　　　　　　　C. C　　　　　　　D. AB

2. 经济批量是材料的采购量,再订货点是材料的(　　　)。

    A. 订货时间　　　　　B. 采购量　　　　　C. 最低储存量　　　　　D. 安全储存量

3. 在对存货实行 ABC 分类管理的情况下,ABC 三类存货的品种数量比重大致为(　　　)。

    A. 0.7∶0.2∶0.1　　　　　　　　　　　B. 0.1∶0.2∶0.7

    C. 0.5∶0.3∶0.2　　　　　　　　　　　D. 0.2∶0.3∶0.5

三、多项选择题

1. 下列属于存货功能的有(　　　　　)。

    A. 有利于企业的销售　　　　　　　　B. 防止生产中断

    C. 降低进货成本　　　　　　　　　　D. 提高企业的变现能力

2. 在存货的 ABC 管理中,对存货进行划分的标准有(　　　　　)。

    A. 存货的金额　　　　　　　　　　　B. 存货的类别

    C. 存货的大小　　　　　　　　　　　D. 存货的品种数量

3. 在确定经济订货批量时,不需要考虑的因素有(　　　　　)。

    A. 储存变动成本　　　　　　　　　　B. 缺货量

    C. 年度计划订货总量　　　　　　　　D. 保险储备量

四、业务题

某企业计划年度甲材料耗用总量为 7 200 千克,每次订货成本为 800 元,该材料的单价为 30 元/千克,单位储存成本为 2 元。

要求:

(1) 计算该材料的经济采购批量。

(2) 若供货方提供商业折扣,当一次采购量超过 3 600 千克时,该材料的单价为 28 元/千克,则应一次采购多少较经济?

五、思考题

存货管理的内容是什么?

项 目 实 训

项目实训十六　最佳现金持有量决策实训

一、实训目的

通过本项目实训,掌握现金成本分析模式确定企业最佳现金持有量。

二、实训资料

富达自行车有限公司的财务经理为了尽量减少企业闲置的现金数量,提高资金收益率,考虑确定最佳现金持有量,财务科对四种不同现金持有量的成本做了测算,具体数据如表 8-4

所示。

表 8-4   现金持有方案表   单位:元

方 案	A	B	C	D
现金持有量	25 000	50 000	75 000	100 000
管理成本	20 000	20 000	20 000	20 000
短缺成本	10 000	6 000	2 000	0
机会成本	3 000	6 000	9 000	12 000

财务经理根据上述数据,结合企业的资本收益率 12%,利用成本分析模式,确定出企业最佳现金持有余额。

三、实训要求

(1) 确定不同方案现金持有量的相关总成本。

(2) 帮助财务经理确定企业最佳现金持有余额。

项目实训十七   收账政策决策分析实训

一、实训目的

通过本项目实训,掌握收账政策决策方法。

二、实训资料

华丽公司是一个商业企业,由于目前的收账政策过于严厉,不利于扩大销售,且收账费用较高,该公司正在研究修改现行的收账政策。现有甲和乙两个放宽收账政策的备选方案。有关数据如表 8-5 所示。

表 8-5   华丽公司收账政策方案表

项 目	现行收账政策	甲方案	乙方案
年销售额/万元	2 400	2 600	2 700
年收账费用/万元	40	20	10
所有账户的平均收账期	2 个月	3 个月	4 个月
所有账户的坏账损失率	2%	2.5%	3%

已知华丽公司的销售毛利率为 20%,应收账款投资要求的最低报酬率为 15%。坏账损失率是指预计年度坏账损失和销售额的百分比。假设不考虑所得税的影响。

三、实训要求

(1) 通过计算分析,判断华丽公司应否改变现行的收账政策。

(2) 如果要改变收账政策,应选择甲方案还是乙方案。

8

项目实训十八   应收账款信用条件选择实训

一、实训目的

通过本项目实训,掌握企业应收账款管理信用条件选择的决策方法。

二、实训资料

时代时装公司近年来采取较宽松的信用政策,因此销售量有所增加,但坏账损失也随之上升。公司变动成本率为 65%,资本成本率(有价证券利息率)为 20%。公司收账政策不变,固定成本总额不变。时代时装公司信用条件方案如表 8-6 所示。

表 8-6   时代时装公司信用条件方案表   单位:万元

项 目	第 1 年($n/30$)	第 2 年($n/60$)	第 3 年($n/90$)
年赊销额	2 400	2 640	2 800
坏账损失	48	79.2	140
收账费用	24	40	56

公司采用按年赊销额百分比法估计坏账损失。

三、实训任务

(1) 分析该公司采用宽松的信用政策是否成功。

(2) 如果第 3 年,为了加速应收账款的收回,决定将赊销条件改为"2/10,1/20,$n/60$",估计有 60% 的客户(按赊销额计算)会利用 2% 的折扣;15% 的客户利用 1% 的折扣;15% 的客户在信用期内回款;其余客户在 90 天内回款。坏账损失降为 2%,收账费用降为 30 万元。确定信用条件变化后收益情况会如何。

四、实训准备

1. 知识准备

❶ 应收账款信用成本由机会成本、坏账损失和收账费用组成

❷ 应收账款机会成本=应收账款费用资金×资本成本率(有价证券利息率)

❸ 应收账款费用资金=应收账款平均余额×变动成本率

❹ 平均收账期=$\sum$(享受该赊销条件客户的百分比×其回款天数)

❺ 应收账款平均余额=年赊销额÷应收账款周转率=年赊销额×应收账款平均收账期÷360

❻ 现金折扣额=$\sum$(年赊销额×享受该赊销条件客户的百分比×该现金折扣比率)

2. 材料准备

准备分析所需的计算表格如表 8-7、表 8-8 所示。

五、实训步骤

1. 分析该公司采用宽松的信用政策是否成功

计算各信用方案相关总成本,如表 8-7 所示。

8

表 8-7 各信用方案相关总成本计算表 单位:万元

项 目	第 1 年($n/30$)	第 2 年($n/60$)	第 3 年($n/90$)
年赊销额	2 400	2 640	2 800
坏账损失	48	79.2	140
收账费用	24	40	56
机会成本			
应收账款信用成本合计			

2. 确定第 3 年信用条件变化后收益情况会如何

如果第 3 年,为了加速应收账款的收回,决定将赊销条件改为"2/10,1/20,$n/60$",估计有 60%的客户(按赊销额计算)会利用 2%的折扣;15%的客户利用 1%的折扣;15%的客户在信用期内回款;其余客户在 90 天内回款。坏账损失降为 2%,收账费用降为 30 万元。

计算应收账款占用资金表如表 8-8 所示。

表 8-8 计算应收账款占用资金表 单位:万元

序号	项 目	第 3 年原信用条件($n/90$)	第 3 年改变的信用条件(2/10,1/20,$n/60$)
1	年赊销额	2 800	
2	变动成本(=年赊销额×变动成本率为 65%)		
3	平均收账期/天	90	
4	应收账款平均余额		
5	收账费用	56	
6	坏账损失	140	
7	机会成本		
8	现金折扣	0	
9	信用成本收益(=年赊销额−变动成本−收账费用−坏账损失−机会成本−现金折扣)		

8

项目九　利润分配管理

学 习 指 导

一、知识结构图

本项目"利润分配管理"的主要知识结构如图9-1所示。

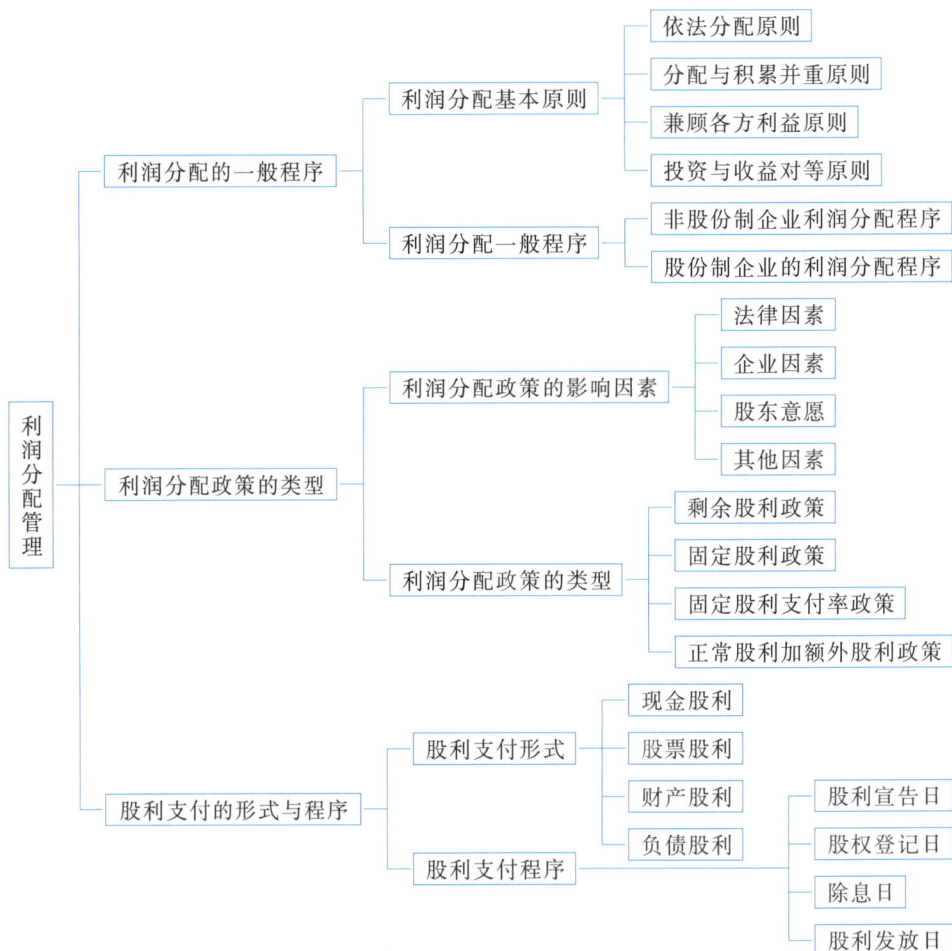

```
利润分配管理
├─ 利润分配的一般程序
│   ├─ 利润分配基本原则
│   │   ├─ 依法分配原则
│   │   ├─ 分配与积累并重原则
│   │   ├─ 兼顾各方利益原则
│   │   └─ 投资与收益对等原则
│   └─ 利润分配一般程序
│       ├─ 非股份制企业利润分配程序
│       └─ 股份制企业的利润分配程序
├─ 利润分配政策的类型
│   ├─ 利润分配政策的影响因素
│   │   ├─ 法律因素
│   │   ├─ 企业因素
│   │   ├─ 股东意愿
│   │   └─ 其他因素
│   └─ 利润分配政策的类型
│       ├─ 剩余股利政策
│       ├─ 固定股利政策
│       ├─ 固定股利支付率政策
│       └─ 正常股利加额外股利政策
└─ 股利支付的形式与程序
    ├─ 股利支付形式
    │   ├─ 现金股利
    │   ├─ 股票股利
    │   ├─ 财产股利
    │   └─ 负债股利
    └─ 股利支付程序
        ├─ 股利宣告日
        ├─ 股权登记日
        ├─ 除息日
        └─ 股利发放日
```

图9-1　"利润分配管理"知识结构图

二、重点难点解析

(一) 利润分配的一般程序

利润分配主要是指企业的净利润分配,利润分配的实质就是确定给投资者分红与企业留用利润的比例。为了正确处理企业与各方面的财务关系,企业利润分配必须遵循依法分配原则、分配与积累并重原则、兼顾各方利益原则和投资与收益对等原则。利润分配程序是指公司制企业根据适用法律、法规或规定,对企业一定期间实现的净利润进行分派必须经过的先后步骤。企业利润分配的一般程序如表 9-1 所示。

表 9-1　　　　　　　　　　　　企业利润分配的一般程序表

企业类型	利润分配程序
非股份制企业	❶弥补以前年度亏损;❷提取法定盈余公积金;❸提取任意盈余公积金;❹向投资者分配利润
股份制企业	❶弥补以前年度亏损;❷提取法定盈余公积金;❸支付优先股股息;❹提取任意盈余公积金;❺支付普通股股利

需要注意的是,在利润分配过程中,按我国财务和税务制度的规定,企业的年度亏损,可以用下一年度的税前利润弥补,下一年度税前利润尚不足以弥补的,可以用以后年度的税前利润继续弥补,但是,用税前利润弥补以前年度亏损的连续期限不超过 5 年。5 年内弥补不足的,从第 6 年起用本年税后利润弥补。本年可供分配的利润(本年净利润与年初未分配利润之和)大于零是企业计提法定盈余公积金的必要条件。如果股份公司当年无利润或出现亏损,原则上不得分配股利。但是,为维护公司股票的信誉,经股东大会特别决议,可按股票面值较低比率用盈余公积金支付股利,支付股利后留存的法定盈余公积金不得低于注册资本的 25%。

(二) 股利分配政策

股利分配政策是指企业管理层对与股利有关的事项所采取的方针策略,其核心问题是确定股利支付率,就是处理好股东当前利益和公司未来发展之间的关系。

1. 企业股利政策的影响因素

股利分配政策的影响因素如表 9-2 所示。

表 9-2　　　　　　　　　　　　股利分配政策的影响因素表

影响因素	具 体 内 容
法律因素	❶资本保全限制;❷资本积累限制;❸偿债能力限制
企业因素	❶资产的流动性;❷投资机会;❸筹资能力;❹盈利的稳定性;❺资本成本
股东意愿	❶避税考虑;❷规避风险;❸稳定收入;❹股权稀释
其他因素	❶债务合同约束;❷机构投资者的投资限制;❸通货膨胀的影响

2. 常用股利政策

常用股利政策比较如表 9-3 所示。

9

表 9-3　　　　　　　　　　　　　　　　常用股利政策比较表

股利政策	优缺点及适用企业
剩余股利政策	优点:可以最大限度地满足企业对再投资的权益资金需要,保持理想的资本结构,并能使综合资本成本最低 缺点:忽略了不同股东对资本利得与股利的偏好,损害那些偏好现金股利的股东利益,从而有可能影响股东对企业的信心 适用企业:未来有好的投资机会的企业
固定股利政策	优点:有助于消除投资者心中的不确定感,受期望每期有固定收益的投资者青睐 缺点:股利支付与盈利相脱节,当盈利较低时仍要支付固定股利,这可能会导致资金短缺、财务状况恶化,影响企业的长远发展 适用企业:盈利稳定或处于成长期的企业
固定股利支付率政策	优点:股利与公司盈利紧密结合,体现多盈多分、少盈少分、不盈不分的原则 缺点:股利随盈利而波动,会影响股东对企业未来经营的信心,不利于企业股票的市场价格的稳定与上涨 适用企业:盈利稳定增长的企业(多数企业不采用此政策)
正常股利加额外股利政策	优点:既能保证股利的稳定性,使依靠股利度日的股东有比较稳定的收入,从而吸引住这部分股东,又能做到股利和盈利有较好的配合,使企业具有较大的灵活性 适用企业:盈利与现金流量波动不够稳定的企业,因而也被大多数企业所采用

(三) 股利支付形式

不同股利支付形式的特征及优缺点比较如表 9-4 所示。

表 9-4　　　　　　　　　　　　　　股利支付形式比较表

股利支付形式	特　征	优　缺　点
现金股利	现金股利是指企业以现金的方式向股东支付股利,也称为红利	优点:现金股利是企业最常见的、也是最易被投资者接受的股利支付方式 缺点:会增加公司的现金流出,现金股利会导致重复征税
股票股利	股票股利是指公司以增发新股票形式支付给股东的股利。不增加股东权益总额,只是权益各项目结构变化	优点:节约现金支出,常被现金短缺的企业所采用。股票股利还可以起到避税作用 缺点:可能会引起老股东的不满
财产股利	财产股利是指公司以现金以外的资产作为股利发放给股东	优点:可以减少公司的现金流出,一般发放证券较为受欢迎 缺点:发放存货和不动产等财产,会影响公司形象,导致股票价格下跌
负债股利	负债股利是指公司以负债的形式发放的股利。通常以应付票据或公司债券的形式来支付	优点:可以减少现金支出 缺点:减少留存收益同时增加了负债

知识小结:
项目九

9

企业通常在利润分配时,必须事先确定与股利支付相关的时间界限。这个时间界限包括:股利宣告日、股权登记日、除息日和股利发放日。

习　　题

任务一　利润分配认知

一、判断题

1. 股份有限公司利润分配的一个主要特点是,提取任意盈余公积在支付优先股股利之后,但在分配普通股股利之前。　　　　　　　　　　　　　　　　　　　　　（　　）

2. 企业不能用资本发放股利,但是可以在没有累计盈余的情况下提取盈余公积金。（　　）

3. 按照利润分配的积累优先原则,企业税后利润分配,不论什么条件下均应优先提取法定公积金。　　　　　　　　　　　　　　　　　　　　　　　　　　　　　（　　）

4. 股份公司的股利分配政策遵循"无利不分"的原则,公司当年无盈利就不能支付股利。
　　　　　　　　　　　　　　　　　　　　　　　　　　　　　　　　　　（　　）

二、单项选择题

1. 某企业年初未分配利润为借方余额 50 万元,当年净利润为 100 万元,则当年以 10% 提取的法定盈余公积为（　　）万元。

A. 15　　　　　　　　B. 5　　　　　　　　C. 7.5　　　　　　　　D. 10

2. 某企业年初未分配利润为贷方余额 50 万元,当年净利润为 100 万元,则当年以 5% 提取的任意盈余公积为（　　）万元。

A. 15　　　　　　　　B. 5　　　　　　　　C. 7.5　　　　　　　　D. 10

3. 某企业注册资本 100 万元,盈余公积 80 万元,企业用盈余公积转增资本的最高限额为（　　）万元。

A. 25　　　　　　　　B. 50　　　　　　　　C. 40　　　　　　　　D. 55

4. 不能用于弥补亏损的是（　　）。

A. 盈余公积　　　　B. 资本公积　　　　C. 税前利润　　　　D. 税后利润

5. 下列不属于利润分配的项目是（　　）。

A. 法定盈余公积　　B. 任意盈余公积　　C. 所得税　　　　　D. 股利

三、多项选择题

1. 利润分配的基本原则是（　　　　　　）。

A. 依法分配原则　　　　　　　　　B. 分配与积累并重原则

C. 兼顾职工利益原则　　　　　　　D. 投资与收益对等原则

2. 利润分配要考虑的因素有（　　　　　　）。

A. 投资者的回报　　　　　　　　　B. 企业计划的投资

C. 企业的积累　　　　　　　　　　D. 上交的国家税收

四、业务题

1. A 公司 2019 年亏损 20 万元,2020 年盈利 2 万元,2021 年盈利 3 万元,2022 年盈利 5

9

万元,2023 年盈利 8 万元,2024 年盈利 10 万元。假设无纳税调整事项,所得税税率为 25%。

要求:

(1) 确定 2023 年是否应缴纳所得税? 能否进行利润分配?

(2) 确定 2024 年是否应缴纳所得税? 缴纳多少? 应否提取法定盈余公积? 按 10% 的比率计提法定盈余公积和 5% 的比率计提任意盈余公积,应提取多少?

2. 某公司本年度利润总额 100 万元,5 年内未弥补的亏损为 20 万元,超过 5 年弥补期限的亏损额为 10 万元,没有其他纳税调整事项,所得税税率为 25%,按 10% 的比率计提法定盈余公积和 5% 的比率计提任意盈余公积。

要求:计算该公司当年应缴纳的所得税额、应计提的法定盈余公积和任意盈余公积、可供投资者分配的利润。

五、思考题

股份制企业利润分配的一般程序有哪些?

任务二　股利分配政策选择

一、判断题

1. 固定股利支付率政策,能使股利与公司盈余紧密结合,以体现多盈多分、少盈少分的原则。　　　　　　　　　　　　　　　　　　　　　　　　　　　　　　　　　（　　）

2. 处于成长中的企业,一般采用低股利政策;处于经营收缩期的企业,则可能采用高股利政策。　　　　　　　　　　　　　　　　　　　　　　　　　　　　　　　　　（　　）

3. 由于发放股票股利后,增加了市场流通的股票股数,从而使每位股东所持股票的市场价值总额增加。　　　　　　　　　　　　　　　　　　　　　　　　　　　　　　（　　）

4. 只要公司拥有足够现金,就可以发放现金股利。　　　　　　　　　　　　　（　　）

5. 如果发放股票股利的比例小于股价下降的比例,股东就可得到收益。　　　（　　）

二、单项选择题

1. 可最大限度满足企业对再投资的权益资金需要的股利政策是(　　　　)。

　　A. 固定股利政策　　　　　　　　　　　　B. 剩余股利政策

　　C. 固定股利支付率政策　　　　　　　　　D. 正常股利加额外股利政策

2. 能使股利与公司盈利紧密结合的股利政策是(　　　　)。

　　A. 剩余股利政策　　　　　　　　　　　　B. 固定股利政策

　　C. 固定股利支付率政策　　　　　　　　　D. 正常股利加额外股利政策

3. 下列属于影响股利分配的法律因素的是(　　　　)。

　　A. 资本保全限制　　B. 资产的流动性　　C. 筹资能力　　D. 资本成本

4. 制定股利政策时应考虑的股东因素是(　　　　)。

　　A. 避税因素　　　　B. 筹资能力　　　　C. 投资机会　　D. 资本成本

5. 要保持目标资本结构,应采用的股利政策是(　　　　)。

　　A. 固定股利支付率政策　　　　　　　　　B. 固定股利政策

　　C. 正常股利加额外股利政策　　　　　　　D. 剩余股利政策

6. 下列各项中,不属于影响股利政策的企业因素是(　　　)。

    A. 避税考虑   B. 资本积累限制

    C. 股权稀释   D. 资产的流动性

7. 股票股利对企业的好处是(　　　)。

    A. 如果股票价格不同比例下降,可增加股东的财富

    B. 节约现金,有利于企业长远发展

    C. 股东将分得的股票股利出售,可获得避税上的好处

    D. 可使股价下降,不利于吸引更多的投资者

8. 有利于稳定股票价格,从而树立公司良好形象,但与公司盈利脱节的股利政策是(　　　)。

    A. 剩余股利政策   B. 固定股利政策

    C. 固定股利支付率政策   D. 正常股利加额外股利政策

9. 剩余股利政策的缺点是(　　　)。

    A. 最大限度满足企业对再投资的权益资金需要

    B. 有利于保持理想的资本结构

    C. 能使综合资本成本最低

    D. 可能影响股东对企业的信心

10. 固定股利政策的缺点是(　　　)。

    A. 股利的支付与企业盈利脱节   B. 有助于消除投资者心中的不确定感

    C. 能使综合资本成本最低   D. 股利的支付与企业的盈利紧密结合

11. 固定股利支付率政策的优点是(　　　)。

    A. 使股利与企业盈利脱节   B. 会增强股东对企业未来经营的信心

    C. 使股利与企业盈利结合   D. 有利于股价的稳定与上涨

12. 正常股利加额外股利政策的优点是(　　　)。

    A. 既能保证股利的稳定又能使股利与企业盈利较好配合

    B. 可最大限度满足企业对再投资的权益资金需要

    C. 有利于保持理想的资本结构

    D. 能使综合资本成本最低

三、多项选择题

1. 下列关于剩余股利政策的说法中,正确的有(　　　)。

    A. 可最大限度满足企业对再投资的权益资金需要

    B. 能使综合资本成本最低

    C. 有可能影响股东对企业的信心

    D. 不利于保持理想的资本

2. 下列关于固定股利政策的说法中,正确的有(　　　)。

    A. 有助于消除投资者的不确定感   B. 股利的支付与盈利相脱节

    C. 有可能使企业财务状况恶化   D. 适用于盈利稳定的企业

3. 下列关于固定股利支付率政策的说法中,正确的有(　　　)。

    A. 能使股利与企业盈利紧密结合   B. 股利随盈利波动

    C. 会增强股东对企业的信心   D. 有利于股票价格的稳定

9

4. 下列关于正常股利加额外股利政策的说法中,正确的有(   )。

A. 能保证股利的稳定性　　　　　　　　　B. 使股利与盈利结合

C. 适用于盈利与现金流不够稳定的企业　　D. 适用于盈利稳定或处于成长期的企业

5. 影响企业股利政策的法律因素有(   )。

A. 资本保全限制　　　　　　　　　　　　B. 资本积累限制

C. 避税考虑　　　　　　　　　　　　　　D. 偿债能力限制

6. 影响企业股利政策的企业因素有(   )。

A. 偿债能力限制　　　　　　　　　　　　B. 资产的流动性

C. 投资机会　　　　　　　　　　　　　　D. 盈利的稳定性

7. 影响企业股利政策的股东因素有(   )。

A. 避税考虑　　　B. 规避风险　　　C. 股权稀释　　　D. 筹资能力

8. 财务管理中常用的股利政策有(   )。

A. 剩余股利政策　　　　　　　　　　　　B. 固定股利政策

C. 浮动股利政策　　　　　　　　　　　　D. 固定股利支付率政策

9. 企业股利政策的影响因素主要有(   )。

A. 法律因素　　　B. 企业因素　　　C. 股东意愿　　　D. 其他因素

10. 为吸引机构投资者,企业应采用的股利政策有(   )。

A. 剩余股利政策　　　　　　　　　　　　B. 正常股利加额外股利政策

C. 固定股利支付率政策　　　　　　　　　D. 固定股利政策

11. 采用正常股利加额外股利政策的理由有(   )。

A. 使企业有较大的灵活性　　　　　　　　B. 能保持理想的资本结构

C. 能吸引偏好稳定收入的投资者　　　　　D. 有利于降低资本成本

12. 企业采用固定股利政策需考虑的方面有(   )。

A. 避免股利变动大给外界造成不良猜测　　B. 使以股利收入为生活来源的股东满意

C. 吸引机构投资者对本企业投资　　　　　D. 抵消通货膨胀的影响

四、业务题

1. 公司目标资本结构为权益资本占 60%,负债占 40%,本年度净利润为 100 万元,下年度计划投资固定资产 120 万元,该公司执行剩余股利政策。

要求:计算公司需留存的利润和发放的股利各是多少?需对外筹资多少?

2. 公司执行剩余股利政策,目标资本结构为资产负债率 50%,本年税后利润为 100 万元。

要求:计算企业若不增发新股,可从事的最大投资支出是多少?

3. 公司当年实现税后利润 3 000 万元,股利分配前的所有者权益情况如下:

股本 5 000 万元(面值 1 元),资本公积 2 000 万元,盈余公积 1 000 万元,未分配利润 4 500 万元,该公司决定每 10 股发放股票股利 1 股,该公司股票目前市价为 4 元。

要求:确定发放股票股利后所有者权益结构有何变化?

4. 公司当年实现净利润 500 万元,年初未分配利润 200 万元,分别按 10% 和 5% 提取法定盈余公积和任意盈余公积金,按可供给投资者分配利润的 30% 向投资者分配现金股利。

要求:计算提取的法定盈余公积和任意盈余公积以及支付的现金股利总额。

5. 公司提取法定盈余公积和任意盈余公积后的净利润 1 000 万元,流通在外的普通股为

2 000 万股,公司决定每 10 股分配股票股利 2 股,并按发放股票股利后的股数支付现金股利,每股 0.1 元。

要求:计算支付的现金股利总额。

6. 公司净利润 900 万元,流通在外的普通股为 1 000 万股,公司决定每 10 股分配股票股利 1 股,并按发放股票股利后的股数支付现金股利,每股 0.2 元,公司股票市场价格为 3 元。

要求:计算当年股利支付总额及股利支付率。

7. 公司年初未分配利润 500 万元,当年实现净利润 1 500 万元,按 10% 提取法定盈余公积,5% 提取任意盈余公积,计划明年上一个项目,所需资金 2 000 万元,若要保持资产负债率为 45% 的资本结构。

要求:

(1) 确定当年能否发放现金股利。

(2) 确定需从外部筹措多少资金。

8. 公司本年盈利 1 000 万元,所得税税率 25%(假定没有纳税调整事项),按净利润的 10% 提取法定盈余公积,按净利润的 5% 提取任意盈余公积,公司执行剩余股利政策,目标资本结构为 50%,计划下一年度投资 700 万元建设一个新项目。

要求:

(1) 计算当年应缴所得税额。

(2) 计算应提取的法定盈余公积和任意盈余公积。

(3) 当年可分配的现金股利。

9. 公司年初未分配利润 350 万元,本年实现盈利 900 万元,没有纳税调整事项,所得税税率 25%,按净利润的 10% 和 5% 分别计提法定盈余公积和任意盈余公积,公司实行稳定的股利政策,每股分配现金股利 0.1 元,流通在外的普通股总计 3 000 万股,每股面值 1 元。

要求:

(1) 计算当年的净利润。

(2) 计算应提取的法定盈余公积和任意盈余公积。

(3) 计算当年应分配的现金股利。

(4) 分配以后的未分配利润。

10. 公司年初所有者权益总额为 150 000 万元,其中,股本 50 000 万元(每股面值 1 元),资本公积 60 000 万元,盈余公积 25 000 万元,未分配利润 15 000 万元。当年实现净利润 15 000 万元,按净利润的 10% 和 5% 分别提取法定盈余公积和任意盈余公积,决定每 10 股发放股票股利 1 股,并按发放股票股利后的股数发放现金股利,每股 0.1 元,该公司股票市价 2 元。

要求:

(1) 计算提取的盈余公积和任意盈余公积。

(2) 计算发放的现金股利总额。

(3) 计算分配后的所有者权益结构。

9

五、思考题

1. 分配政策的影响因素有哪些?

2. 利润分配政策有哪些类型?

任务三　股利支付形式与程序确定

一、判断题

1. 一个新股东要想取得本期股利，必须在除权日之前购入股票，否则即使持有股票也无权领取股利。　　　　　　　　　　　　　　　　　　　　　　　　　　（　　）

2. 股票股利最大的优点就是节约现金支出。　　　　　　　　　　　　　　　（　　）

3. 公司常以存货作为财产股利发放给股东。　　　　　　　　　　　　　　　（　　）

4. 负债股利派发后，股东权益总额不变，负债总额将会增加。　　　　　　　（　　）

二、单项选择题

1. 领取股利的权利与股票相分离的日期是（　　　　）。

   A. 股权登记日　　　　B. 除息日　　　　C. 股利宣告日　　　　D. 股利发放日

2. 我国公司常采用的股利分配方式是（　　　　）。

   A. 现金股利和财产股利　　　　　　　　B. 现金股利和负债股利

   C. 现金股利和股票股利　　　　　　　　D. 股票股利和财产股利

3. 发放负债股利，留存收益（　　　　）。

   A. 减少　　　　　　　B. 增加　　　　　　C. 不变　　　　　　D. 不确定

三、多项选择题

1. 下列关于现金股利的说法中，正确的有（　　　　　　　）。

   A. 是最常见的股利支付方式　　　　　　B. 是最易为投资者接受的股利支付方式

   C. 会减少企业的资产和所有者权益　　　D. 常被资金短缺的企业采用

2. 下列关于股票股利的说法中，正确的有（　　　　　　　）。

   A. 常被资金短缺的企业采用　　　　　　B. 可节约企业的现金支出

   C. 会减少企业的资产和所有者权益　　　D. 不会减少企业的资产和所有者权益

3. 股票股利对股东的好处有（　　　　　　）。

   A. 若股价不同比例下降可增加利得收益　　B. 可获得纳税上的好处

   C. 能节约现金　　　　　　　　　　　　　D. 可增加企业的所有者权益

4. 股票股利对企业的好处有（　　　　　　）。

   A. 股东可能得到利得收益　　　　　　　B. 可获得纳税上的好处

   C. 能节约现金　　　　　　　　　　　　D. 有利于吸引更多的投资者

5. 在股利支付程序中涉及的时间点有（　　　　　　）。

   A. 股利宣告日　　　　B. 股权登记日　　　　C. 除息日　　　　D. 股利发放日

6. 支付现金股利对企业的影响有（　　　　　　）。

   A. 会使企业的现金减少　　　　　　　　B. 会使企业的未分配利润减少

   C. 不会使企业的所有者权益减少　　　　D. 会使企业的所有者权益减少

7. 支付股票股利对企业的影响有（　　　　　　）。

   A. 要求企业必须有现金　　　　　　　　B. 只涉及所有者权益的内部调整

   C. 不改变所有者权益总额　　　　　　　D. 只对企业有好处，对股东没好处

四、思考题

1. 股利支付有哪些形式？
2. 股利支付的一般程序是什么？

项 目 实 训

项目实训十九　股利分配政策模拟实训

一、实训目的

通过本项目实训,加深对公司利润分配政策及其影响因素的理解,把握股利政策和股利形式与企业筹资、投资和其股票市场价值之间的关系;能够运用所学的股利分配政策知识,对上市公司采取的股利分配政策和分配方案进行分析与评价。

二、实训任务

选定某个行业具有代表性的三家上市公司,通过互联网收集它们股利分配政策方面的相关数据资料,运用股利政策的理论与知识,并结合国家有关法规政策、宏观经济形势和行业市场竞争态势,以及公司发展现状,对三家上市公司近 3 年来股利政策选择的变化、存在的问题与成因,以及分配政策对筹资、投资和未来公司发展的影响等方面,进行深入分析与评价,并就分配政策选择提出建设性建议。提交一份关于上市公司股利分配政策的评价分析报告(提示:可以其中一家公司为主进行分析评价)。

三、实训准备

(1) 知识准备:学习和掌握股利分配政策方面的知识与方法,包括:企业利润分配的一般原则与程序,企业股利政策类型和股利形式,影响企业利润分配政策选择的因素等。

(2) 组织准备:教师提前布置实训任务,将学生分组并确定小组长,由小组长在教师指导下进行组员分工。

(3) 实训指导:教师可采用案例教学方法,就影响股利分配政策选择的主要因素,分析评价股利分配政策应该注意的问题,以及收集相关数据资料的方法等方面,对学生进行具体指导。

四、实训材料

由各小组自己准备。按照本项目实训要求,收集相关数据资料。主要数据应包括:上市公司近 3 年来的年度会计财务报告,行业经济发展的年度报告,以及国家有关股利分配政策方面的政策法规等。

9

五、实训步骤

(1) 数据资料的收集与整理。利用网站、报纸或杂志等工具,收集上市公司分配政策和股利分配方案方面的数据资料,以及其他相关资料如公司筹资、投资和股票市场走势等。

（2）上市公司股利分配政策分析评价报告框架。在对数据资料整理加工的基础上，小组充分讨论交流、确定分析评价框架与重点。分析内容应该包括：上市公司总体发展概况、近 3 年来股利政策选择和股利分配方案的变化与存在的问题、影响股利政策变化的主要因素，以及对公司筹资、投资和未来发展的影响等。

（3）小组分工协作、讨论交流，共同完成上市公司股利分配政策分析与评价报告。

（4）提交小组分析评价报告，班级交流，教师点评总结。

六、实训考核

实训结束后，指导教师应该对每个小组提交的上市公司股利分配政策分析评价报告和实训过程，进行考核和评价，并计入学生课程的平时成绩。考核的要点如下：

（1）对上市公司股利政策相关数据资料的收集整理情况。

（2）股利分配政策相关理论与方法运用情况。

（3）分析评价内容的全面性、条理性和逻辑性，以及提出建议的可行性等。

（4）分析评价报告格式规范性。

（5）在课堂讨论交流中的表现（分析问题、解决问题的能力，创新思维和能力）。

项目十　财　务　分　析

学　习　指　导

一、知识结构图

本项目"财务分析"的主要知识结构如图 10-1 所示。

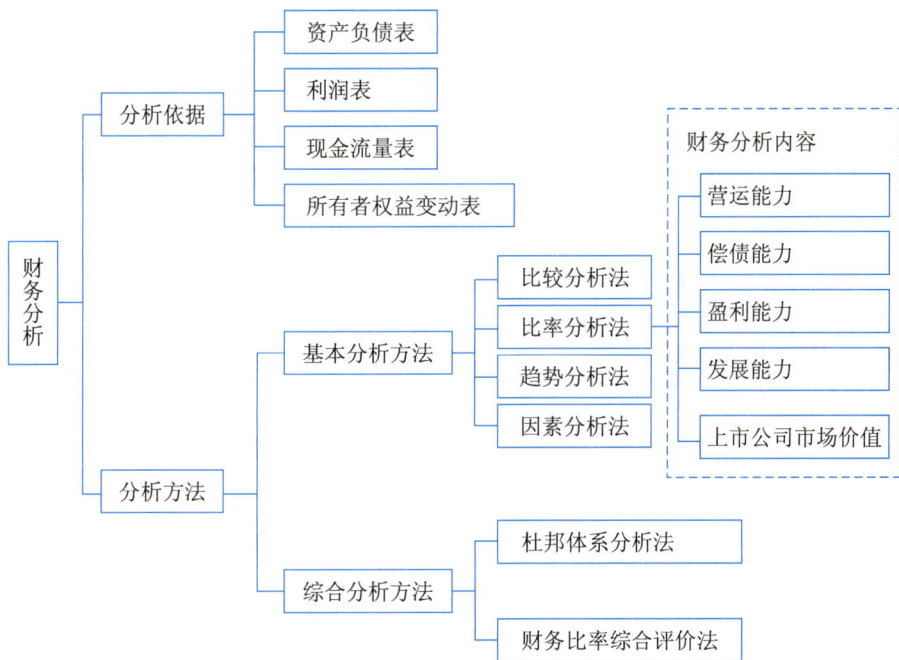

图 10-1　"财务分析"知识结构图

二、重点难点解析

(一) 财务分析的内容与依据

财务分析是指以企业财务报告反映的财务指标为主要依据,采用专门方法,对企业过去的财务状况和经营成果及未来前景所进行的剖析和评价,以反映企业在运营过程中的利弊得失、财务状况及发展趋势,为改进企业财务管理工作和优化经济决策提供重要的财务信息。

财务分析内容主要包括:❶营运能力分析;❷偿债能力分析;❸盈利能力分析;❹发展能力

分析；❺上市公司市场价值分析。

　　财务分析的依据是常用的各种财务报表：资产负债表、利润表、现金流量表、所有者权益（股东权益）变动表、报表附注及其他财务报告资料。

（二）财务分析的基本方法

　　财务分析的基本方法主要有比较分析法、比率分析法、因素分析法和趋势分析法。

　　1. 比较分析法

　　比较分析法是指通过将两个或两个以上相关指标进行对比确定数量差异，揭示企业财务状况和经营成果的一种分析方法。在实际运用比较分析法时，既可以将实际指标与计划指标对比，也可以将同一指标纵向对比，还可以将同一指标横向对比。

　　2. 比率分析法

　　比率分析法是指利用财务报表中两项相关数值的比率揭示企业财务状况和经营成果的一种分析方法。根据分析的目的和要求的不同，比率分析主要有构成比率、效率比率和相关比率等三种。

　　3. 因素分析法

　　因素分析法也称连环替代法，是指将一项综合性的指标分解为各项构成因素，依次用各项因素的实际数替换基数，分析各项因素对这一综合指标影响程度的一种分析方法。因素分析法在进行成本、费用分析时经常采用。

　　4. 趋势分析法

　　趋势分析法是指将两期或连续若干期财务报告中的相同指标进行对比，确定其增减变动的方向、数额和幅度，以说明企业财务状况和经营成果变动趋势的一种分析方法。采用这种方法，可以分析引起变动的主要原因、变动的性质，并预测企业未来的发展前景。

（三）盈利能力分析

　　盈利能力是指企业获取利润的能力，或者说是企业资金增值的能力。盈利能力指标及计算公式汇总如表 10-1 所示。

表 10-1　　　　　　　　　　　盈利能力指标及计算公式汇总表

项　目	财务指标名称	计　算　公　式
经营活动盈利能力	销售毛利率	（营业收入净额－营业成本）÷营业收入净额×100%
	销售利润率	营业利润÷营业收入净额×100%
	销售净利率	净利润÷营业收入净额×100%
	成本费用利润率	利润总额÷成本费用总额×100%
投资活动盈利能力	股东权益报酬率	净利润÷股东权益平均总额×100%
	资本金报酬率	净利润÷实收资本（或股本）平均余额×100%
资产盈利能力	资产息税前利润率	息税前利润÷资产平均总额×100%
	资产利润率	利润总额÷资产平均总额×100%
	资产净利率	净利润÷资产平均总额×100%

（四）偿债能力分析

　　偿债能力是指企业偿付各种到期债务的能力。偿债能力分析包括短期偿债能力分析与长期偿债能力分析。偿债能力指标及计算公式汇总如表 10-2 所示。

表 10-2　　　　　　　　　　　　偿债能力指标及计算公式汇总表

项　目	财务指标名称	计　算　公　式
短期偿债能力	流动比率	流动资产÷流动负债
	速动比率	(流动资产－存货)÷流动负债
	现金比率	(现金＋现金等价物)÷流动负债
长期偿债能力	资产负债率	负债总额÷资产总额×100％
	产权比率	负债总额÷股东权益总额
	有形净值债务率	负债总额÷(股东权益总额－无形资产净值)×100％
	股东权益比率	股东权益总额÷资产总额×100％
	权益乘数	资产总额÷股东权益总额
	已获利息倍数	(税前利润＋利息费用)÷利息费用

(五) 营运能力分析

营运能力是指通过企业生产经营资金周转速度的有关指标反映出来的企业资金利用的效率,表明企业管理人员经营管理、运用资金的能力。营运能力指标及计算公式汇总如表 10-3 所示。

表 10-3　　　　　　　　　　　　营运能力指标及计算公式汇总表

项　目	财务指标名称	计　算　公　式
流动资产周转情况	应收账款周转率	营业收入净额÷应收账款平均余额
	应收账款周转天数	360÷应收账款周转率
	存货周转率	营业成本÷存货平均余额
	存货周转天数	360÷存货周转率
	流动资产周转率	营业收入净额÷流动资产平均余额
	流动资产周转天数	360÷流动资产周转率
固定资产周转情况	固定资产周转率	营业收入净额÷固定资产平均总额
总资产周转情况	总资产周转率	营业收入净额÷资产平均总额
	总资产周转天数	360÷总资产周转率

另:流动资金节约额＝本期实际周转额÷计算期天数×(基期周转天数－实际周转天数)

(六) 发展能力分析

企业的发展能力是指企业在从事经营活动过程中所表现出的增长能力,如规模的扩大、盈利的持续增长、市场竞争力的增强等。发展能力指标及计算公式汇总如表 10-4 所示。

表 10-4   发展能力指标及计算公式汇总表

财务指标名称	计 算 公 式
资本保值增值率	期末股东权益总额÷期初股东权益总额×100%
股权资本增长率	本年股东权益增长额÷年初股东权益总额×100%
销售增长率	本年营业收入增长额÷上年营业收入总额×100%
资产增长率	本年资产增长额÷年初资产总额×100%
利润增长率	本年利润总额增长额÷上年利润总额×100%

（七）上市公司市场价值分析

上市公司是指所发行的股票经过国务院或者国务院授权的证券管理部门批准在证券交易所上市交易的股份有限公司。上市公司市场价值指标及计算公式汇总如表 10-5 所示。

表 10-5   上市公司市场价值指标及计算公式汇总表

财务指标名称	计 算 公 式
每股收益	（净利润－优先股股利）÷发行在外的普通股平均股数
每股股利	（现金股利总额－优先股股利）÷普通股总股数
股利支付率	每股股利÷每股收益
每股净资产	股东权益总额÷发行在外的普通股股数
市盈率	普通股每股市价÷每股收益
市净率	普通股每股市价÷每股净资产

（八）财务综合分析

财务综合分析是指将营运能力、偿债能力和盈利能力等诸方面的分析纳入一个有机的整体之中，全面地对企业经营状况、财务状况进行综合和分析，从而对企业经济效益的优劣作出准确的评价与判断。

财务综合分析的方法很多，其中主要有杜邦体系分析法和财务比率综合评价法。

杜邦财务分析体系是指在考虑各财务比率内在联系的条件下，通过制定多种比率的综合财务分析体系来考察企业财务状况的一种分析方法，如图 10-2 所示。

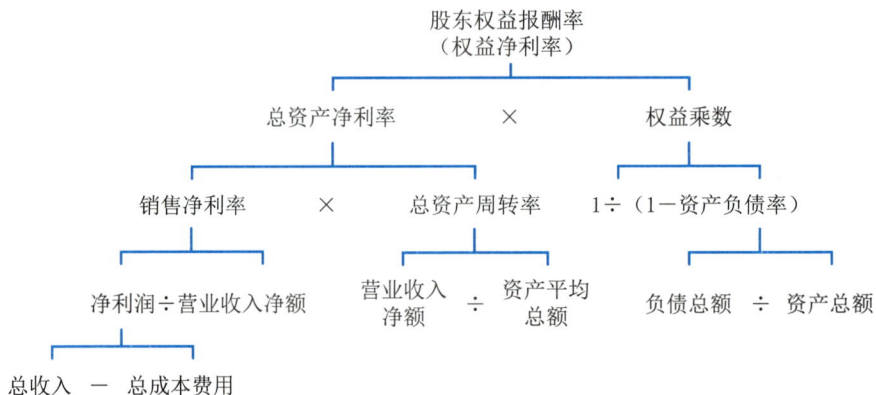

图 10-2　杜邦财务分析体系图

财务比率综合评价法也称沃尔评分法,是指通过对选定的几项财务比率进行评分,然后计算出综合得分,并据此评价企业的综合财务状况的一种分析方法。主要包括以下 10 项评价指标:❶销售利润率;❷资产息税前报酬率;❸资本金报酬率;❹资本保值增值率;❺资产负债率;❻流动比率(或速动比率);❼应收账款周转率;❽存货周转率;❾社会贡献率;❿社会积累率。财务比率综合评价法是评价企业总体财务状况的一种比较可取的方法,但是,其正确性、准确性依赖于标准评分值和标准比率的正确确定和科学建立。

知识小结:
项目十

习　　题

任务一　　财务分析认知

一、判断题

1. 投资者最关心的是企业的偿债能力,债权人最关心的是企业的盈利能力。　　　(　　)

2. 在财务分析中,将通过对比两期或连续数期财务报告中的相同指标,以说明企业财务状况或经营成果变动趋势的方法称为趋势分析法。　　　(　　)

3. 无论是企业短期债务人,还是企业投资者、管理者,都希望流动比率越高越好。(　　)

4. 在使用趋势分析法时,应剔除偶发性项目的影响,使作为分析的数据能反映正常的经营状况。　　　(　　)

5. 在采用因素分析法时,既可以按照各因素的依存关系排列成一定顺序并依次替代,也可以任意颠倒顺序,其结果是相同的。　　　(　　)

6. 财务报表的主体不同,财务分析的内容不同,财务分析的目的相同。　　　(　　)

7. 如果财务分析的目的是对企业的发展趋势进行预测,最好使用行业标准。　　　(　　)

二、单项选择题

1. 债权人在进行财务分析时,最为关心的是(　　　)。

　　A. 企业盈利能力　　　　　　　　　B. 企业支付能力

　　C. 企业社会贡献能力　　　　　　　D. 企业资产营运能力

2. 在下列财务分析主体中,必须对企业营运能力、偿债能力、盈利能力及发展能力的全部信息予以详尽了解和掌握的是(　　　)。

　　A. 短期投资者　　B. 企业债权人　　C. 企业经营者　　D. 税务机关

3. 财务分析的主要和基础部分的依据是(　　　)。

　　A. 其他报告　　　B. 财务报表　　　C. 非财务信息　　D. 企业外部环境

4. 与企业存在一定的现实或潜在的利益关系,为特定目的对企业进行财务分析的单位、团体和个人是(　　　)。

　　A. 财务分析的目的　　　　　　　　B. 财务分析的标准

　　C. 财务分析的原则　　　　　　　　D. 财务分析的主体

5. 财务分析中最基本的方法是(　　　)。

　　A. 因素分析法　　B. 趋势分析法　　C. 比率分析法　　D. 比较分析法

10

6. 通过一项财务指标中的某一或几个项目占总体的比重,以反映部分与总体之间的相互关系的比率是(　　)。

　　A. 效率比率　　　　B. 构成比率　　　　C. 流动比率　　　　D. 债务保障率

7. 下列指标中,属于效率比率的是(　　)。

　　A. 流动比率　　　　　　　　　　B. 资本金利润率

　　C. 资产负债率　　　　　　　　　D. 流动资产占全部资产的比重

8. 在财务分析中,最关心企业资本保值增值状况和盈利能力的利益主体是(　　)。

　　A. 企业投资者　　　　　　　　　B. 企业经营决策者

　　C. 企业债权人　　　　　　　　　D. 政府经济管理机构

三、多项选择题

1. 企业财务分析的内容主要包括(　　)。

　　A. 营运能力分析　　B. 偿债能力分析　　C. 盈利能力分析　　D. 发展能力分析

2. 属于比率分析具体方法的有(　　)。

　　A. 构成比率分析　　B. 环比比率分析　　C. 效率比率分析　　D. 相关比率分析

3. 在运用比率分析法时,应选择科学合理的对比标准,常用的有(　　)。

　　A. 预算标准　　　　B. 历史标准　　　　C. 行业标准　　　　D. 公认标准

4. 应用因素分析法应注意的方面有(　　)。

　　A. 因素分解的关联性　　　　　　B. 因素替代的顺序性

　　C. 顺序替代的连环性　　　　　　D. 计算结果的假定性

5. 财务分析的依据主要有(　　)。

　　A. 资产负债表　　　　　　　　　B. 利润表

　　C. 现金流量表　　　　　　　　　D. 所有者权益变动表

6. 下列属于财务分析程序的有(　　)。

　　A. 明确分析范围　　B. 确定分析目的　　C. 选择分析方法　　D. 确定分析标准

7. 企业财务分析的主体包括(　　)。

　　A. 消费者　　　　　B. 企业投资者　　　C. 企业管理者　　　D. 债权人

四、业务题

某企业生产丙产品,其产品单位成本如表 10-6 所示。

表 10-6　　　　　　　　　　　　　丙产品单位成本表

2024 年度　　　　　　　　　　　　　　　　　　　　　　　　　单位:元

成本项目	上年度实际	本年度实际
直接材料	86	89
直接人工	20	27
制造费用	24	17
产品单位成本	130	133

续　表

补充明细项目	单位用量/千克	金额	单位用量/千克	金额
直接材料：A	12	36	11	44
B	10	50	10	45
直接人工工时/小时	20			
产品销量/件	200			

要求：用连环替代法分析单耗和单价变动对单位材料成本的影响。

五、思考题

1. 结合前面所学知识，谈谈资产负债表在企业财务管理活动中的作用。

2. 财务分析的方法有哪些？应用这些方法时应注意哪些问题？

3. 如果你是银行的信贷部门经理，在给企业发放贷款时，应当考虑哪些因素？

4. 企业财务分析的工作程序如何进行？

5. 你认为在评价企业发展趋势时，应当注意哪些问题？

任务二　财务指标分析

一、判断题

1. 尽管流动比率可以反映企业的短期偿债能力，但有的企业流动比率较高，却没有能力支付到期的应付账款。　　　　　　　　　　　　　　　　　　　　　　（　　）

2. 现金比率越大越好。　　　　　　　　　　　　　　　　　　　　　　（　　）

3. 资产负债率大于100%时，说明企业有较好的偿债能力和负债经营能力。　（　　）

4. 在其他条件不变的情况下，权益乘数越大，则财务杠杆系数越大。　　（　　）

5. 从稳健性角度出发，在确定已获利息倍数时，一般应选择最低指标年度的数据作为标准。　　　　　　　　　　　　　　　　　　　　　　　　　　　　　　（　　）

6. 每股收益越高，意味着股东可以从公司分得越多的股利。　　　　　　（　　）

7. 每股净资产是指股东当年所享有的净利润与发行在外的普通股股数的比值。（　　）

8. 市盈率是评价上市公司盈利能力的指标，它反映投资者愿意对公司每股净利润支付的价格。　　　　　　　　　　　　　　　　　　　　　　　　　　　　　　（　　）

9. 资本保值增值率是指企业年末所有者权益总额与年初所有者权益总额的比值，可以反映企业资本的实际增减变动情况。　　　　　　　　　　　　　　　　　　　（　　）

10. 产权比率反映企业投资者权益对债权人权益的保障程度，该比率越高，表明企业的长期偿债能力越强。　　　　　　　　　　　　　　　　　　　　　　　　　　　（　　）

二、单项选择题

1. 在企业总资产周转率为1.8次时，会引起该指标下降的经济业务是（　　）。

A. 销售商品取得收入　　　　　　　　B. 借入短期借款

C. 用银行存款购入一台设备　　　　　D. 用银行存款支付了一年保险费

2. 某企业原流动比率为2,速动比率为1,现以银行存款支付前欠购买材料的货款,则企业的(　　)。

    A. 流动比率下降　　　　　　　　　　B. 速动比率下降

    C. 两种比率均不变　　　　　　　　　D. 两种比率均提高

3. 在计算速动比率时,要从流动资产中扣除存货部分,其原因是(　　)。

    A. 存货的数量难以确定　　　　　　　B. 存货的变现能力最低

    C. 存货的价值变化大　　　　　　　　D. 存货的质量难以保证

4. 影响速动比率可信性的最主要因素是(　　)。

    A. 存货的变现能力　　　　　　　　　B. 短期证券的变现能力

    C. 产品的变现能力　　　　　　　　　D. 应收账款的变现能力

5. 有时速动比率小于1也是正常的,比如(　　)。

    A. 流动负债大于速动资产　　　　　　B. 应收账款不能实现

    C. 大量采用现金销售　　　　　　　　D. 存货过多导致速动资产减少

6. ABC公司无优先股,去年每股收益为4元,每股发放股利2元,留存收益在过去一年中增加了500万元。年底每股账面价值为30元,负债总额为5 000万元,则该公司的资产负债率为(　　)。

    A. 30%　　　　　　B. 33%　　　　　　C. 40%　　　　　　D. 44%

7. 产权比率与权益乘数的关系是(　　)。

    A. 产权比率×权益乘数=1　　　　　　B. 权益乘数=1÷(1−产权比率)

    C. 权益乘数=(1+产权比率)÷产权比率　D. 权益乘数=1+产权比率

8. 下列指标中,其数值大小与偿债能力大小同方向变动的是(　　)。

    A. 产权比率　　　B. 资产负债率　　　C. 已获利息倍数　　　D. 带息负债比率

9. 市净率指标的计算不涉及的参数是(　　)。

    A. 年末普通股股数　　　　　　　　　B. 年末普通股权益

    C. 年末普通股股本　　　　　　　　　D. 每股市价

10. 某企业2024年流动资产平均余额为100万元,流动资产周转率为7次。若企业2024年营业利润为210万元,则2024年销售利润率为(　　)。

    A. 15%　　　　　　B. 30%　　　　　　C. 40%　　　　　　D. 50%

三、多项选择题

1. 影响速动比率的因素有(　　　　　)。

    A. 应收账款　　　B. 存货　　　　　C. 短期借款　　　　D. 预付账款

2. 与上市公司股票价格或市场价值相关的分析指标主要有(　　　　)。

    A. 每股收益　　　B. 每股股利　　　C. 股利支付率　　　D. 市盈率

3. 一般地,影响每股收益指标高低的因素有(　　　　)。

    A. 企业采取的股利政策　　　　　　　B. 企业购回的普通股股数

    C. 优先股股利　　　　　　　　　　　D. 每股股利

4. 存货周转率中,(　　　　)。

    A. 存货周转次数多,表明存货周转快　B. 存货周转次数少,表明存货周转快

    C. 存货周转天数多,表明存货周转快　D. 存货周转天数少,表明存货周转快

5. 应收账款周转率提高意味着（　　　　）。

　　A. 短期偿债能力增强　　　　　　　　B. 收账费用减少

　　C. 收账迅速,账龄较短　　　　　　　D. 销售成本降低

6. 下列各项指标中,可用于分析企业长期偿债能力的有（　　　　）。

　　A. 产权比率　　　　B. 流动比率　　　　C. 资产负债率　　　　D. 速动比率

7. 企业盈利能力分析中可以运用的指标有（　　　　）。

　　A. 资产息税前利润率　　　　　　　　B. 总资产周转率

　　C. 资本保值增值率　　　　　　　　　D. 成本利润率

8. 属于企业营运能力的指标有（　　　　）。

　　A. 劳动生产率　　　B. 总资产周转率　　C. 流动资产周转率　　D. 固定资产周转率

四、业务题

1. 某公司的全部流动资产为 600 000 元,流动比率为 1.5。该公司刚完成以下两项交易:

(1) 购入商品 160 000 元以备销售,其中,80 000 元为赊购。

(2) 购置运输车辆一部,价值 50 000 元,其中,30 000 元以银行存款支付,其余开出 3 月期应付票据一张。

要求:计算每笔交易后的流动比率。

2. 某企业年销售额（全部赊销）为 500 000 元,毛利率为 20%,流动资产为 100 000 元,流动负债为 80 000 元,存货为 40 000 元,现金为 5 000 元(1 年按 360 天计算)。

要求:

(1) 计算该企业流动比率、速动比率和现金比率。

(2) 如该企业要求存货周转次数达 16 次,问企业年平均存货持有量应为多少?

(3) 如该企业要求应收账款平均持有量为 40 000 元水平,问应收账款回收期应为多少天?

3. 某企业 2024 年流动资产为 120 万元,年初存货为 60 万元,年初应收账款为 38 万元。2024 年末的有关资料为:流动负债 70 万元,流动比率 2.2,速动比率 1.2,现金比率 60%。全年应收账款周转率为 5 次,全年销售成本 156 万元,销售收入中赊销收入所占的比重为 40%。假定该企业流动资产仅包括速动资产与存货。

要求:

(1) 计算该企业年末流动资产、年末速动资产、年末现金类资产、年末存货和年末应收账款。

(2) 计算该企业流动资产周转率和存货周转率。

4. 某公司 2024 年 12 月 31 日简化的资产负债表如表 10-7 所示。

表 10-7　　　　　　　　　　　　　　　资产负债表

编制单位:某公司　　　　　　　　　　　2024 年 12 月 31 日　　　　　　　　　　　单位:万元

资　产		负债和所有者权益	
货币资金	50	应付账款	30
应收账款		长期借款	
存　货		实收资本	100
固定资产		留存收益	100
资产合计		负债和所有者权益合计	

其他有关财务指标如下：

(1) 产权比率：0.5；

(2) 销售毛利率：10%；

(3) 存货周转率（存货按年末数计算）：9 次；

(4) 平均收现期（应收账款按年末数计算，1 年按 360 天计算）：18 天；

(5) 总资产周转率（总资产按年末数计算）：2.5 次。

要求：利用上述资料，填充该公司资产负债表的空白部分，并列示所填数据的计算过程。

5. 某企业 2024 年销售收入为 125 000 元，毛利率是 52%，赊销比例为 80%，净利润率为 16%，存货周转率为 5 次，期初存货余额为 10 000 元，期初应收账款余额为 12 000 元，期末应收账款为 8 000 元，速动比率为 1.6，流动比率为 2.16，流动资产占资产总额的 27%，负债比率为 37.5%，该公司发行普通股股数为 5 000 股。

要求：

(1) 计算应收账款周转率。

(2) 计算资产净利率。

(3) 计算股东权益报酬率。

(4) 计算每股收益。

五、思考题

1. 现有财务分析指标存在的缺陷有哪些？

2. 企业资产负债率的高低对债权人和股东会产生什么影响？

3. 为什么负债比率高的公司其市盈率低？

4. 如何理解"已获利息倍数所反映的企业财务层面包括盈利能力和长期偿债能力"？

5. 你认为在评价股份有限公司的盈利能力时，哪个财务指标应当作为核心指标？为什么？

任务三 财务综合分析

一、判断题

1. 提高销售净利率有两个主要途径：一是扩大销售收入，二是降低成本费用开支。

（　　）

2. 权益乘数的高低取决于企业资金结构；资产负债率越高，权益乘数越高，财务风险越大。

（　　）

3. 某年末 A 公司资产总额为 2 000 万元，负债总额为 1 060 万元，其权益乘数则为 2.13。

（　　）

4. 当企业资产息税前利润率高于借入资金利率时，增加借入资金，可以提高股东权益报酬率。

（　　）

5. 沃尔评分法和杜邦分析法是完全一样的。

（　　）

6. 杜邦分析法最核心的指标是股东权益报酬率。

（　　）

7. 给评价指标体系中的各项指标分配权重时，可根据指标排列先后顺序，由高到低进行。

（　　）

二、单项选择题

1. 在杜邦分析体系中,假设其他情况相同,下列说法中,错误的是(　　　)。

A. 权益乘数大则财务风险大　　　　　B. 权益乘数大则权益净利率大

C. 权益乘数等于资产权益率的倒数　　D. 权益乘数大则资产净利率大

2. 在杜邦财务分析体系中,综合性最强的是(　　　)。

A. 股东权益报酬率　　　　　　　　B. 资产净利率

C. 总资产周转率　　　　　　　　　D. 销售净利率

3. 在下列分析方法中,属于财务综合分析方法的是(　　　)。

A. 趋势分析法　　B. 杜邦分析法　　C. 比率分析法　　D. 因素分析法

4. 计算股东权益报酬率指标时的利润指的是(　　　)。

A. 利润总额　　　B. 息税前利润　　C. 税后利润　　　D. 息后税前利润

5. 股东权益报酬率=(　　　)×总资产周转率×权益乘数。

A. 资产净利率　　B. 销售毛利率　　C. 销售净利率　　D. 成本利润率

6. 某公司 2024 年年末资产总额为 16 000 万元,资产负债率为 60%;2024 年度实现净利润 800 万元。若 2025 年该公司的资产规模和净利润水平不变,股东权益报酬率(按年末计算)比 2024 年提高 3.5 个百分点,则该公司 2025 年年末的权益乘数为(　　　)。

A. 2　　　　　　　B. 3.2　　　　　　C. 4　　　　　　　D. 4.3

7. 杜邦财务分析体系不涉及(　　　)。

A. 盈利能力　　　B. 偿债能力　　　C. 营运能力　　　D. 发展能力

8. 某企业 2024 年和 2025 年的销售净利率分别为 7% 和 8%,资产周转率分别为 2% 和 1.5,两年的资产负债率相同,与 2024 年相比,2025 年的股东权益报酬率变动趋势为(　　　)。

A. 上升　　　　　B. 下降　　　　　C. 不变　　　　　D. 无法确定

三、多项选择题

1. 下列各项中,可能直接影响企业股东权益报酬指标的措施有(　　　)。

A. 提高销售净利率　　　　　　　　B. 提高资产负债率

C. 提高总资产周转率　　　　　　　D. 提高流动比率

2. 我国已颁布的综合财务指标体系包含有(　　　)方面的指标。

A. 社会贡献　　　B. 盈利能力　　　C. 偿债能力　　　D. 营运能力

3. 下列各项中,与股东权益报酬率密切相关的有(　　　)。

A. 销售净利率　　B. 总资产周转率　C. 总资产增长率　D. 权益乘数

4. 综合财务比率分析法的步骤有(　　　)。

A. 确定评分值　　B. 计算关系比率　C. 确定标准值　　D. 计算得分值

5. 杜邦分析法为企业管理者揭示了(　　　)三方面的管理途径。

A. 企业经营管理　　　　　　　　　B. 企业资产管理

C. 企业债务管理　　　　　　　　　D. 企业投资管理

四、业务题

1. 新飞公司 2024 年年末资产负债表如表 10-8 所示。

表 10-8　　　　　　　　　资产负债表(简表)

2024 年 12 月 31 日　　　　　　　　　　　　　　单位:万元

资　　产	金　额	负　　债	金　额
货币资金	30	应付票据	25
应收账款	60	应付账款	55
存货	80	应付职工薪酬	10
长期股权投资	30	长期借款	100
固定资产	300	实收资本	250
		未分配利润	60
总计	500	总计	500

该公司当年销售收入为 1 500 万元,净利润为 75 万元。

要求:

(1) 计算销售净利率。

(2) 计算总资产周转率。

(3) 计算权益乘数。

(4) 计算股东权益报酬率。

2. 立达公司部分财务比率和财务数据资料如表 10-9 所示。

表 10-9　　　　　　立达公司部分财务比率和财务数据资料表

2024 年财务比率	2025 年度财务数据
资产负债率:50%	平均资产总额:200 000 元(产权比率:1.5)
应收账款周转率:7.4	其中:平均存货　60 000 元
存货周转率:4.2	平均应收账款　40 000 元
流动资产周转率:3	平均流动资产　120 000 元
销售净利率:6.6%	销售毛利　90 000 元(销售毛利率 30%)
资产净利率:12%	期间费用　60 000 元
	所得税税率　25%

要求:

(1) 计算 2025 年度有关财务比率。

(2) 运用杜邦财务分析体系,说明指标变动的趋势和原因。

五、思考题

1. 为什么说股东权益报酬率是杜邦分析的核心?

2. 在应用杜邦分析法进行企业财务状况的综合分析时,应当如何分析各项因素对企业股东权益报酬率的影响程度?

3. 采用沃尔评分法对企业的财务状况进行综合分析,在选择财务比率时应注意哪些方面的问题?

项 目 实 训

项目实训二十　财务分析模拟实训

一、实训目的

通过本项目实训,熟练掌握企业财务报表分析的各种方法和技巧,能从复杂的报表资料中分析企业的偿债能力、运营能力和获利能力,总体把握企业的财务状况和经营成果,为企业相关利益各方的财务决策提供有价值的信息;能够运用所学的财务分析知识,对企业进行财务分析和评价,并撰写财务分析报告。

二、实训任务

选定一家上市公司,利用财务实验室互联网,收集该公司近 3 年的会计报表和财务报告,以及相关的财务数据资料,运用所学的综合趋势分析、横向比较分析和综合分析等财务分析方法和各种评价指标,对该公司偿债能力、营运能力、盈利能力和发展能力以及市场价值进行较为全面的分析与评价,并针对其经营和财务管理中存在的问题,提出相应的改进建议和意见。完成一份上市公司财务分析评价报告。分析报告要求内容完整、方法得当、目标明确,步骤严密,文字精练通顺,条理清楚。

具体内容至少包括但并不仅限于以下 6 个项目,各小组可充分发挥小组成员的积极性和主动性对公司其他财务相关问题进行深入分析。

(1) 3 年的偿债能力分析。

(2) 3 年的营运能力分析。

(3) 3 年的盈利能力分析。

(4) 3 年的发展能力分析。

(5) 3 年的市场价值变化分析。

(6) 利用杜邦分析法等综合分析法,对公司资本收益率和综合财务状况等变动情况,进行因素分析。

通过以上分析,指出公司可能存在的问题,并提出相应改进措施。给出该公司股票是否值得投资的建议:如值得投资,其理由是什么? 如不值得投资,其理由是什么?

三、实训准备

(1) 知识准备:学习和掌握财务分析的一般程序、分析方法和分析指标计算公式等。

(2) 组织准备:教师提前布置实训任务,将学生分组并确定小组长,由小组长在教师指导下进行组员分工。

(3) 实训指导:教师可采用案例教学方法,针对实训中涉及的财务分析与评价的一般程序与分析方法,财务指标计算与运用,影响公司财务状况的因素,分析评价应该注意的问题,财务分析报告的格式规范,以及相关数据资料的收集方法等方面,对学生进行具体指导。

四、实训材料

由各小组自己准备。按照本项目实训要求,收集上市公司财务分析所需的相关数据资料。

10

主要数据应该包括：上市公司近3年来的年度财务报告，行业经济发展的年度报告，以及其他与财务分析相关的数据资料等。

五、实训步骤

（1）数据资料的收集与整理。利用网站、报纸或杂志等工具，收集上市公司财务分析与评价所需的相关数据资料，以及其他与财务分析相关的资料如行业发展最新动态，会计报表附注，公司重大发展事项的股东大会决议等。

（2）上市公司财务分析评价报告框架。在对财务分析相关数据资料整理加工的基础上，通过小组成员的充分讨论交流，形成财务分析评价报告的总体框架，并确定分析内容和重点。

（3）小组共同完成财务分析报告。通过财务指标的计算，运用趋势分析、横向比较分析和综合分析方法，经过小组分工协作、讨论交流，最终完成上市公司财务分析与评价报告。

（4）提交小组财务分析评价报告，班级课堂交流，教师点评总结。

六、实训考核

实训结束后，指导教师应该对每个小组提交的上市公司财务分析评价报告和实训过程，进行考核和评价，并计入学生课程的平时成绩。考核的要点如下：

（1）对上市公司财务分析相关数据资料的收集整理情况。

（2）各项财务指标的计算和财务分析方法的运用情况。

（3）财务分析评价报告内容的全面性、条理性和逻辑性，以及提出建议的可行性等。

（4）财务分析评价报告格式的规范性。

（5）在课堂讨论交流中的表现（分析问题、解决问题的能力，创新思维和能力）。

附录一 《理财课程设计》综合实训指导书

一、理财课程设计目的

《理财课程设计》以上市公司财务报告及相关财务资料为依据，对公司财务状况与经营业绩、财务政策与选择、内部财务控制制度等方面内容进行全面的分析评价，以培养学生运用所学财务管理知识与方法，分析和解决实际财务管理问题的能力。培养学生运用信息化手段，查找资料、整理资料和分析资料的能力。同时，本课程设计通过分组完成，注重培养学生相互交流、沟通和协作的能力，充分发挥团结合作的团队精神。

二、理财课程设计组织形式

（一）课程设计分组步骤

本课程设计采用分组完成形式，每小组成员为3～5人。

首先，采用自由组合的基本原则，由学生自由分组，推选出本组组长，由小组长提交小组成员名单。

然后，指导老师根据全班分组情况进行进一步协调，在充分尊重学生自主选择的基础上，进行必要的调整，使分组更加合理。

最后，由指导老师根据调整后的结果形成正式分组名单，作为课程设计的主体。

（二）课程设计小组工作方式

1. 各小组成员在组长的带领下结合课程设计的内容和要求，根据各小组成员的特长，在充分协商的基础上进行内部分工。分工时注意工作任务的均衡，小组分工应得到指导老师认可后方能开展具体工作。

2. 组长在课程设计中起着重要的组织、协调作用，其主要职责包括如下内容：

（1）负责组织本组内部工作的安排与协调工作。

（2）负责填写小组分工情况表。

（3）负责本组任务进度的汇报。

（4）在充分听取组员意见的情况下，负责课程设计日记的撰写。

三、理财课程设计的内容

本次课程设计以财务报告分析为基础，涉及上市公司至少3年的财务指标分析、筹资投资政策分析、股利分配政策分析、内部控制分析、股权结构分析等一系列内容,是一次综合性极强的设计课程。

(一) 上网收集资料,下载上市公司近三年财务报告

本课程设计的首要工作是从上市公司年报披露指定网站下载有关上市公司近 3 年的财务报告,作为分析的基础。

(二) 对上市公司近三年财务报告进行分析

对收集的上市公司近 3 年财务报告进行分析,具体内容至少包括但并不仅限于以下 12 个项目,各小组可充分发挥小组成员的积极性和主动性,对公司其他财务相关问题进行深入分析。

(1) 3 年的偿债能力分析。

(2) 3 年的营运能力分析。

(3) 3 年的盈利能力分析。

(4) 3 年的发展能力分析。

(5) 通过以上财务指标分析,指出公司值得肯定的地方以及可能存在的问题,并针对性地提出相应改进措施。

(6) 从 3 年现金流量表中相关现金流量的数据,分析公司偿债能力、收益质量。

(7) 利用杜邦分析法,对公司 3 年净资产收益率的变动进行因素分析。

(8) 通过对公司近 3 年的财务指标与综合分析,指出在财务运作上存在的问题,可以从中获得的教训,在以后的工作中避免类似情况的发生的方法。

(9) 运用所学财务知识,分析公司近 3 年筹资政策、投资政策、分配政策的变化及其存在的问题。

(10) 公司章程中关于独立董事的规定,与证监会相关规定是否一致? 如不完全符合要求,应如何修正? 你认为独立董事制度对公司治理的影响是什么? 独立董事如何才能达到真正的独立?

(11) 公司的股权结构是怎样的? 股东构成比例如何? 这种结构对企业的影响如何?

(12) 给出该公司股票是否值得投资的建议,如值得投资,其理由是什么,如不值得投资,其理由是什么?

四、理财课程设计步骤

1. 第一阶段(1 天):实验动员,通过图书馆或互联网进行资料的准备与查找。

2. 第二阶段(1 天):小组讨论,报告内容的设计,主要问题的研究,讨论主要内容并达成一致意见。

3. 第三阶段(1 天):进行资料分析、集中汇报、交流。

4. 第四阶段(1.5 天):撰写财务分析报告。

5. 第五阶段(0.5 天):最后半天时间,进行小组课程设计答辩。

注:除设计答辩时间外,以上时间为建议时间,各小组可根据实际情况灵活安排,每一阶段的工作需要在课程设计日志中详细记录。

五、理财课程设计报告

理财课程设计报告是本次课程设计的最终主要存档资料,是小组分析讨论的成果的反映和体现。每个小组需提交一份完整的课程设计报告,课程设计报告内容作为本次课程设计成绩评定参考的重要依据。

(一)报告格式要求

(1)报告主标题为二号宋体字加粗居中。

(2)各部分标题依次为一,(一),1,(1),❶。

(3)正文内容为小四号字宋体。

(4)加粗的标题为一级标题和二级标题,即一和(一),其余不需加粗。

(5)页边距为默认,行距为单倍行距,字符间距为标准。

(6)报告全文用 A4 纸打印。

(7)报告装订采用统一封面和封底。

(二)报告结构要求

阅读公司 3 年以上的年度财务报告,请从投资者的角度进行财务投资分析,撰写分析报告。

财务投资分析报告至少应包括以下三部分结构:

第一部分

公司基本内容介绍,不得多于 1 000 字,包括公司所处行业、行业竞争状况和本公司市场排名等。

第二部分

财务状况分析,包括各项财务指标的分析、趋势分析、横向分析和综合分析(如前景预测,问题发现等)。

第三部分

财务政策分析,包括投资政策、筹资政策、分配政策、股权结构、内部控制与独立董事制度等财务政策分析。

第四部分

财务建议,根据分析提出改善公司财务管理以及投资方面的建议。

撰写的报告必须依据提供的资料,同时,允许在资料的基础上进行拓展和创新,不得抄袭。

(三)报告字数与撰写要求

(1)字数要求:分析报告字数不少于 10 000 字。

(2)撰写要求:文章结构合理,条理清晰、语句通畅、格式规范。

六、附表

《理财课程设计》小组分工情况如附表 1-1 所示。

附表 1-1   《理财课程设计》小组分工情况表

小组成员	分工情况

《理财课程设计》日志如附表 1-2 所示。

附表 1-2 　　　　　　　　　《理财课程设计》日志表 　　　　第　组组长签名：

星　期	实验内容
星期一	
星期二	
星期三	
星期四	
星期五	

指导教师签名：

课程设计报告封面如附表 1-3 所示。

附表 1-3　　　　　　　　　　　　　　**课程设计报告封面**

×××公司财务投资分析报告

实验(设计)：　　　　理财课程设计　　　　

班　　级：　　　　　　　　　　　　　　

组　　长：　　　　　　　　　　　　　　

成　　员：　　　　　　　　　　　　　　

　　　　　　　　　　　　　　　　　　　

指导教师：　　　　　　　　　　　　　　

××××××　　××××

202×年×月×日

附录二 《财务管理实务》模拟测试卷

《财务管理实务》模拟测试卷(Ⅰ)

考试形式:闭卷　　　考试时间　120　分钟　　　☑使用计算器

考生姓名:＿＿＿＿＿＿　学号:＿＿＿＿＿＿　　　班级:＿＿＿＿＿＿

题 序	一	二	三	四	五	六	七	八	总分
得 分									
评卷人									

一、单项选择题(20分)

1.下列各项环境中,(　　)是企业最为主要的环境因素。

A. 金融市场环境　　　　　　　　B. 法律环境

C. 经济环境　　　　　　　　　　D. 政治环境

2.下列能充分考虑资金时间价值和投资风险价值的理财目标是(　　)。

A. 利润最大化　　　　　　　　　B. 资金利润率最大化

C. 每股利润最大化　　　　　　　D. 企业价值最大化

3.独资企业要缴纳(　　)。

A. 企业所得税　　　　　　　　　B. 资源税

C. 个人所得税　　　　　　　　　D. 以上三种都要缴纳

4.资金时间价值是指没有风险和通货膨胀条件下的(　　)。

A. 企业的成本利润率　　　　　　B. 企业的销售利润率

C. 利润率　　　　　　　　　　　D. 社会平均资金利润率

5.某学校为设立一项科研基金,拟在银行存入一笔款项,以后可以无限期地在每年年末支取利息3万元,年利率为6％,该学校应存入(　　)万元。

A. 75　　　　　　B. 50　　　　　　C. 18　　　　　　D. 12

6. 证券组合的作用主要是( )。

A. 降低市场风险　　　　　　　　　B. 分散特有风险

C. 提高无风险报酬率　　　　　　　D. 提高风险报酬率

7. 已知某证券 β 系数等于 1,则表明该证券( )。

A. 比市场组合系统风险大一倍　　　B. 有非常低的风险

C. 与市场组合系统风险一致　　　　D. 无风险

8. 某投资方案所用的固定资产账面原值是 100 万元,净残值率为 10%,预计正常报废时的残值变现收入为 8 万元,若所得税率为 25%,则残值变现现金流入为( )万元。

A. 8.5　　　　　　B. 8　　　　　　C. 7.2　　　　　　D. 18

9. 平滑指数取值越小,则近期实际数对预测结果的影响( )。

A. 越大　　　　　　B. 不大　　　　　　C. 越小　　　　　　D. 越不明显

10. 在长期投资决策中,一般来说,属于经营期现金流出项目的是( )。

A. 固定资产投资　　　　　　　　　B. 开办费

C. 经营成本　　　　　　　　　　　D. 无形资产投资

11. 某投资项目原始投资额为 100 万元,使用寿命 10 年,已知该项目第 10 年的经营净现金流量为 25 万元,期满处置固定资产残值收入及回收流动资金共 8 万元,则该投资项目第 10 年的净现金流量为( )万元。

A. 8　　　　　　B. 25　　　　　　C. 33　　　　　　D. 43

12. 振宇公司股票的 β 系数为 1.5,无风险收益率为 8%,市场上所有股票的平均收益率为 15%,则振宇公司股票的必要收益率应为( )。

A. 15%　　　　　B. 18.5%　　　　　C. 19.5%　　　　　D. 17.5%

13. 在投资人想出售有价证券获取现金时,证券不能立即出售的风险是( )。

A. 流动性风险　　　　　　　　　　B. 期限性风险

C. 违约风险　　　　　　　　　　　D. 购买力风险

14. 某股票的未来股利不变,当股票市价低于股票价值时,则股票的投资收益率比投资人要求的最低报酬率( )。

A. 低　　　　　　　　　　　　　　B. 高

C. 相等　　　　　　　　　　　　　D. 可能高于也可能低于

15. 以下对普通股筹资优点叙述中,不正确的是( )。

A. 具有永久性,无须偿还　　　　　B. 无固定的利息负担

C. 资本成本较低　　　　　　　　　D. 能增强公司的举债能力

16. 下列不属于负债资金的筹措方式是( )。

A. 利用留存收益　　　　　　　　　B. 向银行借款

C. 利用商业信用　　　　　　　　　D. 融资租赁

17. 企业预算是从编制( )开始的。

A. 生产预算　　　B. 销售预算　　　C. 产品成本预算　　　D. 现金预算

18. ( )是最高层次的责任中心,它具有最大的决策权,也承担最大的责任。

A. 利润中心　　　B. 成本中心　　　C. 投资中心　　　D. 人为利润中心

19. 下列不属于信用条件的是( )。

A. 现金折扣　　　B. 数量折扣　　　C. 信用期间　　　D. 折扣期间

20. 若流动比率大于 1,则下列结论中,成立的是(　　　)。

　A. 速动比率大于 1　　　　　　　B. 营运资金大于零

　C. 资产负债率大于 1　　　　　　D. 短期偿债能力绝对有保障

二、多项选择题(10 分)

1. 利润最大化的缺陷有(　　　　)。

　A. 没有考虑资金时间价值

　B. 没有反映创造利润与投入资本的关系

　C. 没有考虑风险因素

　D. 可能导致企业短期行为

2. 属于年金形式的有(　　　　)。

　A. 养老金　　　　　　　　　　　B. 零存整取

　C. 保险费　　　　　　　　　　　D. 等额本金还贷方式

3. 投资方案现金流入量的内容可能包括(　　　　)。

　A. 营业现金流入

　B. 项目报废时的残值变现收入扣除残值收益纳税

　C. 收回垫付的营运资金

　D. 残值损失减税

4. 边际贡献可按下列公式计算(　　　　)。

　A. 销售收入-变动成本

　B. 销售收入-变动成本-酌量性固定成本

　C.(销售单价-单位变动成本)×产销数量

　D. 单位边际贡献×产销数量

5. 若 $NPV<0$,则下列关系式中,正确的有(　　　　)。

　A. $NPVR>0$　　　　　　　　　B. $NPVR<0$

　C. $PI<1$　　　　　　　　　　　D. $IRR<i$

6. 按照资本资产定价模型,确定特定股票必要收益率所考虑的因素有(　　　　)。

　A. 无风险收益率　　　　　　　　B. 公司股票的特有风险

　C. 特定股票的 β 系数　　　　　D. 所有股票的年均收益率

7. 公司增发新股时,其发行价格的确定方法通常有(　　　　)。

　A. 以市盈率计算　　　　　　　　B. 以资产净值

　C. 以每股利润计算　　　　　　　D. 以未来股利计算

8. 企业持有现金的动机有(　　　　)。

　A. 交易动机　　　B. 预防动机　　　C. 投资动机　　　D. 投机动机

9. 下列关于固定股利政策的说法中,正确的有(　　　　)。

　A. 有助于消除投资者的不确定感　　B. 股利的支付与盈利相脱节

　C. 有可能使企业财务状况恶化　　　D. 适用于盈利稳定的企业

10. 财务分析的方法主要有(　　　　)。

　A. 比较分析法　　　B. 比率分析法　　　C. 因素分析法　　　D. 杜邦分析法

三、判断题(10分,只判断正误,对√,错×)

1. 以每股利润最大化作为财务管理的目标,考虑了资金的时间价值但没有考虑投资的风险价值。（　　）

2. 预付年金的终值与现值,可在普通年金终值与现值的基础上乘以(1+i)得到。（　　）

3. 如果股票投资组合包括全部的股票,则全部风险都被分散掉,不承担任何风险。（　　）

4. 资本成本是企业筹资付出的代价,一般用相对数表示,即资金占用费加上资金筹集费之和除以筹资金额。（　　）

5. 在其他条件不变的情况下,若使利润上升30％,单位变动成本需下降12％;若使利润上升35％,销售量需上升15％,那么,销量对利润的影响比单位变动成本对利润的影响更为敏感。（　　）

6. 折旧可以起到减少税负的作用,即会使企业实际少缴所得税,也就是减少了企业现金流出量,增加了现金净流量。（　　）

7. 财务预算是指关于企业在未来一定期间内财务状况和经营成果以及现金收支等价值指标的各种预算总称。（　　）

8. 利润中心必然是成本中心,投资中心必然是利润中心,所以,投资中心首先是成本中心,但是利润中心并不一定都是投资中心。（　　）

9. 股份公司股利分配政策遵循"无利不分"原则,公司当年无盈利就不能支付股利。（　　）

10. 所有者最关心的是企业的偿债能力,债权人最关心的是企业的盈利能力。（　　）

四、简答题(10分)

1. 简述以企业价值最大化为财务管理目标的优缺点。(5分)

2. 简述企业筹资的渠道与方式以及两者之间的关系。(5分)

五、计算题(40分)

1. 有两个投资额相等的项目可供选择,投资获利的有效期均为10年。第一个项目10年内每年年末可回收投资20 000元,第二个项目前5年每年年末回收25 000元,后5年每年年末回收15 000元,银行利率为10％。

要求:确定哪一个项目获利大?(5分)

2. 新海公司持有A、B、C三种股票构成的证券组合,其β系数分别是1.5、1.7和1.8,在证券投资组合中所占比重分别为30％、30％、40％,股票的市场收益率为9％,无风险收益率为7％。

要求:

(1) 计算该证券组合的β系数。

(2) 计算该证券组合的必要投资收益率。(5分)

3. 某企业预计全年需用现金2 000万元,预计的存货周转期为90天,应收账款和应付账款周转期均为60天。

要求:计算该企业的最佳现金持有量。(5分)

4. 假设某公司2024年实际销售收入为40 000万元,销售净利润率为12％,净利润的60％分配给投资者。2024年12月31日的简要资产负债表如附表2-1所示。

附表 2-1

资产负债表(简表)

2024 年 12 月 31 日   单位:万元

资　　产	期末余额	负债和所有者权益	期末余额
流动资产	15 000	应付款项	3 000
固定资产	5 000	长期借款	10 000
		实收资本	5 000
		留存收益	2 000
资产总计	20 000	负债和所有者权益总计	20 000

公司 2025 年计划销售收入为 50 000 万元。为实现这一目标,需要按比例相应增加固定资产,销售净利润率及股利支付率保持不变。

要求:运用销售百分比法预计 2025 年该公司的外部融资需求。(5 分)

5. 大华公司拟购置一台设备,价款为 240 000 元,使用 6 年,期满净残值为 12 000 元,直线法计提折旧。使用该设备每年为公司增加税后净利为 26 000 元。公司的资本成本率为 14%。

要求:

(1) 计算各年的现金净流量。

(2) 计算该项目的净现值。

(3) 计算该项目的现值指数。

(4) 评价该投资项目的财务可行性。(10 分)

6. 某公司目前资本结构由普通股(1 000 万股,计 20 000 万元)和债务(15 000 万元,利率8%)组成。现公司拟扩充资本,有两种方案可供选择:A 方案采用权益融资,拟发行 250 万股新股,每股售价 15 元;B 方案用债券融资,以 10% 的利率发行 3 750 万元的长期债券。设所得税率为 25%。

要求:确定当 $EBIT$ 在什么情况下采用 A 方案? 什么情况下采用 B 方案? (10 分)

六、案例分析题(10 分)

K 公司总裁伊某正为一事发愁,因为该公司最大的个人股东克某(他控制了公司 9% 的股票)公开要求 K 公司董事会采取具体措施以提高公司正在下滑的股价。克某认为董事会应提高股利支付率或实施回购计划。他指出:虽然在过去的 12 个月中,公司曾两次提高其股利支付率,但是 F 公司已经将其股利支付率提高了 12.5%。目前,K 公司的股票价格仅为其每年净收益的 5 倍,股票收益率约为 2.2%,而 F 公司的股票价格为其每年净收益的 7 倍,股票收益率为 3.6%。年初以来,K 公司的股价已下跌了近 20%。

K 公司目前有 66 亿元的现金及等价物,利润也相当可观。但是,公司总裁伊某认为:公司持有的现金应至少达到 75 亿元,甚至最好是 100 亿元,以执行其雄心勃勃的新产品开发计划,从而度过下一轮的萧条。因为过去 K 公司曾几次陷入灾难性的财务危机。

K 公司的几个团体股东支持克某的提议。其中之一认为:"有必要通过股票回购向市场证明 K 公司的力量"。另一个则认为:"股利支付率应该加倍,因为'K 公司是当今主要股票中被低估的最厉害的一个股票',而且'低股利政策是导致股价被低估的原因'。"同时,在克某的信件被公布于媒介的当日,K 公司的股票价格就从 45.875 元跃升至 49 元,上涨了 3.125 元,即

6.8%。第二日,它继续爬升了 0.875 元,上涨幅度为 1.8%。

克某的提议提出了一个基本问题:"在繁荣阶段,像 K 公司这样的公司应以高额股利或股票回购形式支付多少的利润给股东?"

结合本案例的资料,谈谈如下问题:

(1) 简述主要的股利政策。

(2) 当短期股票价格与公司长远发展出现矛盾时,股利分配政策应如何确定?

(3) 如果你是伊某,面对上述情况,你将采取何种对策?

复利现值系数如附表 2-2 所示,年金现值系数如附表 2-3 所示。

附表 2-2 复利现值系数表(PVIF 表)

n	i			
	9%	10%	11%	14%
1	0.917	0.909	0.901	0.877 2
2	0.842	0.826	0.812	0.769 5
3	0.772	0.751	0.731	0.675 0
4	0.708	0.683	0.659	0.592 1
5	0.650	0.621	0.593	0.519 4
6	0.596	0.564	0.535	0.455 6
7	0.547	0.513	0.482	0.399 6
8	0.502	0.467	0.434	0.350 6
9	0.460	0.424	0.391	0.307 5
10	0.422	0.386	0.352	0.269 7

附表 2-3 年金现值系数表(PVIFA 表)

n	i		
	9%	10%	14%
1	0.917	0.909	0.877 2
2	1.759	1.736	1.646 7
3	2.531	2.487	2.321 6
4	3.240	3.170	2.917 3
5	3.890	3.791	3.433 1
6	4.486	4.355	3.888 7
7	5.033 0	4.868 4	4.288 2
8	5.534 8	5.334 9	4.638 9
9	5.995 2	5.759 0	4.916 4
10	6.417 7	6.144 6	5.216 1

《财务管理实务》模拟测试卷(Ⅱ)

考试形式:闭卷　　　　考试时间＿＿120＿＿分钟　　　　☑使用计算器

考生姓名:＿＿＿＿＿＿　　学号:＿＿＿＿＿＿　　　　　　班级:＿＿＿＿＿＿

题　序	一	二	三	四	五	六	七	八	总分
得　分									
评卷人									

一、单项选择题(20分)

1. 财务管理的基本内容是(　　　)。

　　A. 筹资、投资与用资

　　B. 预测、决策、预算、控制与分析

　　C. 资产、负债与所有者权益

　　D. 筹资管理、投资管理、利润分配管理、营运资本管理

2. 在股份制企业,尤其是上市的股份公司,企业价值最大化的目标往往演变为(　　　)。

　　A. 每股利润最大化　　　　　　　　B. 利润最大化

　　C. 股票账面价格最大化　　　　　　D. 股票市场价格最大化

3. 我国财务管理的最优目标是(　　　)。

　　A. 总价值最大化　　　　　　　　　B. 利润最大化

　　C. 股东财富最大化　　　　　　　　D. 企业价值最大化

4. 资金时间价值是指没有风险和通货膨胀条件下的(　　　)。

　　A. 企业的成本利润率　　　　　　　B. 企业的销售利润率

　　C. 利润率　　　　　　　　　　　　D. 社会平均资金利润率

5. 某学校为设立一项科研基金,拟在银行存入一笔款项,以后可以无限期地在每年年末支取利息 30 000 元,年利率为 6%,该学校应存入(　　　)元。

　　A. 750 000　　　　B. 500 000　　　　C. 180 000　　　　D. 120 000

6. 证券组合的作用主要是(　　　)。

　　A. 降低市场风险　　　　　　　　　B. 分散特有风险

　　C. 提高无风险报酬率　　　　　　　D. 提高风险报酬率

7. 已知某证券 β 系数等于1,则表明该证券(　　　)。

　　A. 比市场组合系统风险大一倍　　　B. 有非常低的风险

　　C. 与市场组合系统风险一致　　　　D. 无风险

8. 某投资方案所用的固定资产账面原值是 100 万元,净残值率 10%,预计正常报废时的残值变现收入为 8 万元,若所得税税率为 25%,则残值变现现金流入为(　　　)万元。

　　A. 8.5　　　　　　B. 8　　　　　　　C. 7.2　　　　　　D. 18

9. 平滑指数取值越小,则近期实际数对预测结果的影响(　　　)。

　　A. 越大　　　　　　B. 不大　　　　　C. 越小　　　　　　D. 越不明显

10. 在长期投资决策中,一般来说,属于经营期现金流出项目的是( )。

    A. 固定资产投资   B. 开办费   C. 经营成本   D. 无形资产投资

11. 某投资项目原始投资额为 100 万元,使用寿命 10 年,已知该项目第 10 年的经营净现金流量为 25 万元,期满处置固定资产残值收入及回收流动资金共 8 万元,则该投资项目第 10 年的净现金流量为( )万元。

    A. 8   B. 25   C. 33   D. 43

12. 在投资人想出售有价证券获取现金时,证券不能立即出售的风险是( )。

    A. 流动性风险   B. 期限性风险   C. 违约风险   D. 购买力风险

13. 某股票的未来股利不变,当股票市价低于股票价值时,则股票的投资收益率比投资人要求的最低报酬率( )。

    A. 低   B. 高

    C. 相等   D. 可能高于也可能低于

14. 以下对普通股筹资优点叙述中,不正确的是( )。

    A. 具有永久性,无须偿还   B. 无固定的利息负担

    C. 资本成本较低   D. 能增强公司的举债能力

15. 某企业需借入资金 300 万元,由于银行要求将贷款数额的 20% 作为补偿性余额,故企业需向银行申请的贷款数额为( )万元。

    A. 600   B. 375   C. 750   D. 672

16. 在财务预算中,用以反映企业预算期期末财务状况的财务报表是( )。

    A. 现金预算   B. 预计利润表

    C. 预计资产负债表   D. 预计现金流量表

17. ( )是最高层次的责任中心,它具有最大的决策权,也承担最大的责任。

    A. 利润中心   B. 成本中心   C. 投资中心   D. 人为利润中心

18. 企业将资金占用在应收账款上而放弃其他方面投资可获得的收益是应收账款的( )。

    A. 管理成本   B. 机会成本   C. 坏账成本   D. 资本成本

19. 要保持目标资本结构,应采用的股利政策是( )。

    A. 固定股利支付率政策   B. 固定股利政策

    C. 正常股利加额外股利政策   D. 剩余股利政策

20. 若流动比率大于 1,则下列结论成立的是( )。

    A. 速动比率大于 1   B. 营运资金大于零

    C. 资产负债率大于 1   D. 短期偿债能力绝对有保障

二、多项选择题(10 分)

1. 为协调所有者与债权人的矛盾,通常可采用的方法有( )。

    A. 发行新债   B. 罚款

    C. 限制性借款   D. 收回借款或不再借款

2. 按每次收付发生的时点不同,年金主要有( )。

    A. 普通年金   B. 预付年金   C. 递延年金   D. 永续年金

3. 属于年金形式的有( )。

    A. 养老金   B. 零存整取   C. 保险费   D. 等额本金还贷方式

4. 若考虑所得税,则营业现金流量可用下列公式计算( )。

    A. 税后收入－税后成本＋折旧   B. 净利润＋折旧

    C. 营业收入－付现成本－所得税   D. 营业利润＋折旧－所得税

5. 边际贡献可按下列公式计算( )。

    A. 销售收入－变动成本

    B. 销售收入－变动成本－酌量性固定成本

    C. (销售单价－单位变动成本)×产销数量

    D. 单位边际贡献×产销数量

6. 关于利润计算的下列公式中,正确的有( )。

    A. 利润＝边际贡献总额－固定成本

    B. 利润＝安全边际额×边际贡献率

    C. 利润＝安全边际量×单位边际贡献

    D. 利润＝(正常销售额－盈亏临界点销售额)×边际贡献率

7. 下列属于折现的相对量评价指标的有( )。

    A. 净现值率   B. 现值指数   C. 投资利润率   D. 内部收益率

8. 按照资本资产定价模型,确定特定股票必要收益率所考虑的因素有( )。

    A. 无风险收益率   B. 公司股票的特有风险

    C. 特定股票的 β 系数   D. 所有股票的年均收益率

9. 商业信用筹资的优点包括( )。

    A. 筹资简单方便   B. 放弃现金折扣要付出较高机会成本

    C. 筹资限制少   D. 没有实际成本发生

10. 下列关于固定股利政策的说法,正确的有( )。

    A. 有助于消除投资者的不确定感   B. 股利的支付与盈利相脱节

    C. 有可能使企业财务状况恶化   D. 适用于盈利稳定的企业

三、判断题(10 分,只需判断正误,对√,错×)

1. 企业组织财务活动中与有关各方所发生的经济利益关系称为财务关系,但不包括企业与职工之间的关系。 ( )

2. 永续年金可视作期限无限的普通年金,终值与现值的计算可在普通年金的基础上求得。 ( )

3. 递延年金现值的大小与递延期无关,因此计算方法与普通年金现值是一样的。 ( )

4. 如果股票投资组合包括全部的股票,则全部风险都被分散掉,不承担任何风险。 ( )

5. 资本成本是企业筹资付出的代价,一般用相对数表示,即资金占用费加上资金筹集费之和除以筹资金额的商。 ( )

6. 普通股筹资没有固定的股利负担,因此,其成本比债券筹资的成本低。 ( )

7. β 系数反映的是公司特有风险,系数越大,则公司特有风险越大。 ( )

8. 财务预算是指关于企业在未来一定期间内财务状况和经营成果以及现金收支等价值指标的各种预算总称。 ( )

9. 处于成长中的企业,一般采用低股利政策;处于经营收缩期的企业,则可能采用高股利政策。 ( )

10. 流动比率越高,表明企业的偿债能力越强,经营管理水平越高。 ( )

四、简答题(10分)

1. 什么是非系统风险和系统风险？证券投资组合的风险报酬是对哪种风险的补贴？为什么？(5分)

2. 股利分配政策有哪些类型？(5分)

五、计算题(40分)

1. 某企业有一个投资项目，预计在2025年至2027年每年年初投入资金300万元，从2028年至2037年的10年中，每年年末流入资金100万元。如果企业的贴现率为8%。

要求：

(1) 计算在2027年年末各年流出资金的终值之和。

(2) 计算在2028年年初各年流入资金的现值之和。

(3) 判断该投资项目方案是否可行。(6分)

2. 某公司预测的年度赊销收入净额为2 400万元，应收账款周转期为30天，变动成本率为75%，资本成本为8%。

要求：计算该企业应收账款的机会成本。(5分)

3. 某公司拟筹资2 500万元，其中：平价发行债券1 000万元，筹资费率为2%，债券年利率为10%，所得税税率为25%；银行借款500万元，借款年利率7%，筹资费率为1%；普通股1 000万元，筹资费率为4%，第一年预计股利率为10%，以后各年增长4%。

要求：计算该筹资方案的综合资本成本。(5分)

4. 某企业拟投资一个新项目，第二年投产，经预测，营业现金净流量的有关资料如附表2-4所示。

附表2-4　　　　　　某企业营业现金净流量有关资料表　　　　　　单位：万元

项　目	2	3	4	5
销售收入	350	800	850	(6)
付现成本	(2)	350	500	550
折　旧	(1)	200	150	100
税前利润	−50	250	200	(4)
所得税	0	80	70	(5)
税后利润	−50	170	130	(3)
营业现金净流量	200	370	280	280

已知第五年所得税税率为25%，所得税均在当年缴纳。

要求：按序号计算表中未填数字，并列出计算过程。(8分)

5. 振华公司于2025年1月5日以每张1 080元的价格购买Y企业发行的利随本清的企业债券。该债券的面值为1 000元，期限为3年，票面年利率为10%，不计复利。购买时市场年利率为8%。不考虑所得税。

要求：

(1) 利用债券估价模型评价振华企业购买该债券是否合算？

（2）如果振华企业于 2026 年 1 月 5 日将该债券以 1 200 元的市价出售，计算该债券的投资收益率。（6 分）

6. 某公司固定成本 126 万元，单位变动成本率 0.7，公司资本结构如下：长期债券 300 万元，年利率 8%；另有 150 000 元发行在外的普通股，公司所得税税率为 25%。

要求：在销售额为 900 万元时，公司的经营杠杆系数、财务杠杆系数和综合杠杆系数，并说明它们的意义。（10 分）

六、案例分析题（10 分）

XYZ 公司的产品正处于产品生命周期的成熟期，其每股收益稳定地以 3% 的低速增长。公司的股利政策是：每年税后收益的 75% 用于发放股利。由于该公司的增长率很低，所以，其股票价格主要受到股利水平的影响。公司经理向董事会提交了一个新项目：在迅速发展的华北市场投资 5 000 万元建造一个新厂。预计此项投资的年收益率高达 32% 之上，是公司当前平均收益率的两倍多。此项目的筹资方案有如下三种：

（1）全部发行普通股筹资。

（2）所需资金的一半以留存收益的方式解决，另一半以发行新股方式筹集，此方案将仅使当年的股利减少。

（3）以现有的资本结构中的负债比例发行一部分债券，不减少应发的股利，所需股本发行普通股的方式筹资。

请根据财务管理的相关理论，评价不同方案对公司股利政策及股票价格的影响。

复利终值系数、复利现值系数、普通年金终值系数、普通年金现值系数分别如附表 2-5 至附表 2-8 所示。

附表 2-5 　　　　　　　　　　**复利终值系数表**

i	n									
	1	2	3	4	5	6	7	8	9	10
6%	1.060 0	1.123 6	1.191 0	1.262 5	1.338 2	1.418 5	1.503 6	1.593 8	1.689 5	1.790 8
8%	1.080 0	1.166 4	1.259 7	1.360 5	1.469 3	1.580 9	1.713 8	1.850 9	1.999 0	2.158 9
10%	1.100 0	1.210 0	1.331 0	1.464 1	1.610 5	1.771 6	1.948 7	2.143 6	2.357 9	2.593 7
12%	1.120 0	1.254 4	1.404 9	1.573 5	1.762 3	1.973 8	2.210 7	2.476 0	2.773 1	3.105 8
14%	1.140 0	1.299 6	1.481 5	1.689 0	1.925 4	2.195 0	2.502 3	2.852 6	3.251 9	3.707 2

附表 2-6 　　　　　　　　　　**复利现值系数表**

i	n									
	1	2	3	4	5	6	7	8	9	10
6%	0.943 4	0.890 0	0.839 6	0.792 1	0.747 3	0.705 0	0.665 1	0.627 4	0.591 9	0.558 4
8%	0.925 9	0.857 3	0.793 8	0.735 0	0.680 6	0.630 2	0.583 5	0.540 3	0.500 2	0.463 2
10%	0.909 1	0.826 4	0.751 3	0.683 0	0.620 9	0.564 5	0.513 2	0.466 5	0.424 1	0.385 5
12%	0.892 9	0.797 2	0.711 8	0.635 5	0.567 4	0.506 6	0.452 3	0.403 9	0.360 6	0.322 0
14%	0.877 2	0.769 5	0.675 0	0.592 1	0.519 4	0.455 6	0.399 6	0.350 6	0.307 5	0.269 7

附表 2-7　　　　　　　　　　　　　　　　普通年金终值系数表

i	n									
	1	2	3	4	5	6	7	8	9	10
6%	1.000 0	2.060 0	3.183 6	4.374 6	5.637 1	6.975 3	8.393 8	9.897 5	11.491	13.181
8%	1.000 0	2.080 0	3.246 4	4.506 1	5.866 6	7.335 9	8.922 8	10.637	12.488	14.487
10%	1.000 0	2.100 0	3.310 0	4.641 0	6.105 1	7.715 6	9.487 2	11.436	13.579	15.937
12%	1.000 0	2.120 0	3.374 4	4.779 3	6.352 8	8.115 2	10.089	12.300	14.776	17.549
14%	1.000 0	2.140 0	3.439 6	4.921 1	6.610 1	8.535 5	10.730	13.233	16.085	19.337

附表 2-8　　　　　　　　　　　　　　　　普通年金现值系数表

i	n									
	1	2	3	4	5	6	7	8	9	10
6%	0.943 4	1.833 4	2.673 0	3.465 1	4.212 4	4.917 3	5.582 4	6.209 8	6.801 7	7.360 1
8%	0.925 9	1.783 3	2.577 1	3.312 1	3.992 7	4.622 9	5.206 4	5.746 6	6.246 9	6.710 1
10%	0.909 1	1.735 5	2.486 9	3.169 9	3.790 8	4.355 3	4.868 4	5.334 9	5.759 0	6.144 6
12%	0.892 9	1.690 1	2.408 1	3.037 3	3.604 8	4.111 4	4.563 8	4.967 6	5.328 2	5.650 2
14%	0.877 2	1.646 7	2.321 6	2.917 3	3.433 1	3.888 7	4.288 2	4.638 9	4.916 4	5.216 1

主要参考文献

[1] 财政部会计资格评价中心.财务管理[M].北京:经济科学出版社,2024.

[2] 中国注册会计师协会.财务成本管理[M].北京:中国财政经济出版社,2023.

[3] 靳磊.财务管理实务学习指导、习题与项目实训[M].5 版.北京:高等教育出版社,2021.

[4] 汤谷良,韩慧博,祝继高.财务管理案例[M].北京:中国人民大学出版社,2017.

[5] 刘桂英,郝云莲.财务管理案例实验教程[M].2 版.北京:经济科学出版社,2009.

[6] 荆新,王化成,刘俊彦.财务管理学学习指导书[M].北京:中国人民大学出版社,2018.

感谢您使用本书。为方便教学，我社为教师提供资源下载、样书申请等服务，如贵校已选用本书，您只要关注微信公众号"高职财经教学研究"，或加入下列教师交流QQ群即可免费获得相关服务。

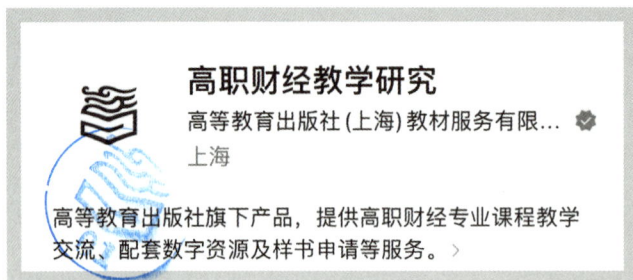

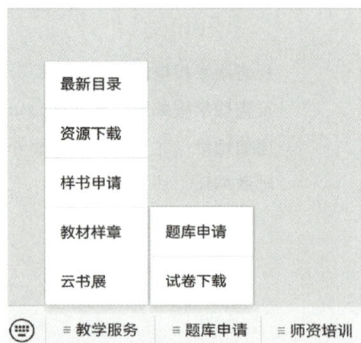

高职财经教学研究

高等教育出版社(上海)教材服务有限...

上海

高等教育出版社旗下产品，提供高职财经专业课程教学交流、配套数字资源及样书申请等服务。

最新目录	
资源下载	
样书申请	
教材样章	题库申请
云书展	试卷下载

三 教学服务　　三 题库申请　　三 师资培训

资源下载： 点击"**教学服务**"—"**资源下载**"，注册登录后可搜索相应的资源并下载。（建议用电脑浏览器操作）

样书申请： 点击"**教学服务**"—"**样书申请**"，填写相关信息即可申请样书。

样章下载： 点击"**教学服务**"—"**教材样章**"，即可下载在供教材的前言、目录和样章。

题库申请： 点击"**题库申请**"，填写相关信息即可申请题库或下载试卷。

师资培训： 点击"**师资培训**"，获取最新会议信息、直播回放和往期师资培训视频。

联系方式

会计QQ3群 :473802328　　会计QQ2群 :370279388　　会计QQ1群 :554729666

会计QQ4群 :291244392

（以上4个会计 Q群，加入任何一个即可获取教学服务，请勿重复加入）

联系电话: (021)56961310　　电子邮箱:3076198581@qq.com

在线试题库及组卷系统

我们研发有十余门课程试题库："基础会计""财务会计""成本计算与管理""财务管理""管理会计""税务会计""税法""税收筹划""审计基础与实务""财务报表分析""EXCEL在财务中的应用""大数据基础与实务""会计信息系统应用""政府会计""内部控制与风险管理"等，平均每个题库近3000题，知识点全覆盖，题型丰富，可自动组卷与批改。如贵校选用了高教社沪版相关课程教材，我们可免费提供给教师每个题库生成的各6套试卷及答案（Word格式难中易三档，索取方式见上述"题库申请"），教师也可与我们联系咨询更多试题库详情。